KB201267

친환경 수업 따라잡기

친환경 수업 따라잡기

천연제품 만들기 교육계획안

김명숙 지음

도서출판

다인아트

환경교육, 실천이 중요해!!

4차 산업혁명이 시작되었다고 합니다. 사물인터넷, 즉 온라인시스템이 오프라인 사물에 적용되는 것입니다. 자동차에 인공지능이 적용되어 자율주행이 되고 음성으로 음악, 전화, 온도 등이 조절이 되는 것을 말합니다. 산업화가 가속화되면서 사람이 하던 일을 기계가 대신 해주니 몸은 좀 편해졌지만 원인을 알 수 없는 질병이 생겨나고, 정서적인 부분에서 많은 문제가 발생하고 있습니다. 웰빙(well-being)시대라고 하지요. 자연환경에 대한 가치가 더 높아지고 있습니다.

15년 전 헬레나 노르베리 호지의 저서『오래된 미래』라는 책을 읽고 또 읽으며 깊은 느낌을 받았습니다. 우리가 이미 직면한 위기를 라다크의 변화를 통해서 보여줬기 때문일 것입니다. 열악한 기후환경에서도 공동체를 통해 주어진 생태환경의 질서를 지켜가며 살아가던 라다크 사람들의 삶에서 어린시절 우리 마을의 모습이 떠올랐습니다. 자연 속에서 풀벌레소리 들으며 뛰어놀던 옛 모습을 떠올리며 미소를 머금게 되지만 현실로 돌아오면 서구의 문물들이 들어오게 되면서 도시화된 현실과 직면하게 됩니다. 제가 살고 있는 마을 송도는 바다를 막고 갯벌을 메꾸어 만들어진 도시입니다. 다양한 해양생물들의 터전을 빼앗아 살고 있는 것이지요. 이러한 도시에서 살아가고 있는 한 사람으로 조금 더 친환경적인 삶을 살기 위해 방법을 모색하고 이웃들과 함께하기 위해 천연제품을 구체물로 하는 친환경교육을 시작하게 되었습니다.

해마다 강사 양성과정을 통해 경력단절 여성들의 일자리창출사업도 하고 있습니다. 생활필수품을 친환경 재료로 직접 만들어 쓰면 생활 속에서 환경운동 실천가가

되는 것이지요. 조금 느리고 답답하지만 내 가족의 건강을 생각하고 이웃이 함께하는 생태환경도시를 만들어가고자 하는 것입니다. 한 달에 한 번 또는 두 달에 한 번 모여 가정에서 필요로 하는 천연비누·세제·화장품·아로마테라피 방향제 등을 함께 만들어 사용하다 보면 우리 가족이 건강해지고 우리 마을 생태환경이 지속가능한 환경이 되리라 생각합니다. 또한 정기적인 모임을 통해 공동체가 형성되고 각박한 도시생활에서 전통과 문화적 교류를 통해 잃어가던 정서를 되살릴 수 있습니다. 이러한 지역의 현안을 함께 고민하고 해결방법 찾아 실천하고자 설립한 마을기업이 송도동에 있는 '자연공유(글로벌교육공동체)'입니다.

4차 산업혁명이 진행 될수록 사람들은 더 자연주의 삶을 갈망하게 될 것입니다. 우리 가정에서, 마을에서 내가 먼저 시작하면 사람과 자연이 조화롭게 살아가는 생태환경 도시가 만들어지게 될 것입니다.

우리의 작은 실천이 모이면 우리 지구환경의 미래는 밝을 것입니다.

이 책은 친환경 수업을 하고자 하시는 분들을 위한 교육계획안을 넣고, 마을에서 이웃과 함께 모여 친환경제품을 만들어 쓰실 수 있게 도움이 되고자 기획하게 되었습니다. 자정능력을 넘어버린 지구환경의 회복을 위해 실천 가능한 환경운동, 이 책과 함께 시작해보세요.

2019년 7월
김 명 숙

CONTENTS

2편 천연 화장품

C O N T E N T S

3편 아로마 향초

4편 리사이클링

4편 리사이클링

Tools

나무몰드 1kg

비누베이스 1kg

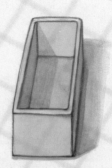

실리콘몰드 1kg

장미비누몰드 50ml×3개

1구 비누몰드 100ml

우드심지

티트리심지

분말첨가물

식물성오일 500ml

에센셜오일

비이커 100ml

비이커 1ℓ

비이커 3ℓ

1회용 스포이드

원형 온도계

유리 스포이드

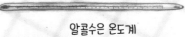

알콜수은 온도계

스텐시약스푼

실리콘 알뜰주걱

미니블렌더

실리콘 알뜰주걱

핸드블렌더

핫플레이트

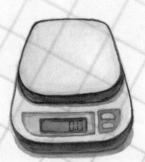

전자저울

천연
비누
및
세제

1편

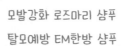

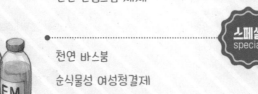

천연비누 공통 주의사항

❶ 가성소다를 정제수에 넣을 때 온도가 90℃ 가까이 올라가면서 증기가 발생하는데
가루나 증기가 흡입되지 않도록 주의한다.(환기는 잘되나 바람이 없는 곳)

❷ 가성소다액의 온도가 떨어질 때까지 환기가 잘되는 안전한 곳에 둔다.

❸ 오일은 온도가 빨리 올라가니 잘 체크해야 한다.
높은 온도가 되면 오일류의 산패가 빨라 비누에서 냄새가 날 수 있다.

❹ 트레이스가 빨리나서 땅콩잼처럼 되면 고무장갑을 낀 손으로 몰드에 꾹꾹 눌러 담고
몰드를 바닥에 쳐서 기포를 제거한다.

❺ 꼭 4~6주 이상 숙성시켜야 피부에 트러블을 일으키지 않는다.

❻ MP비누 제작시 중탕을 하여도 좋으나 시간이 너무 오래 걸린다.
물이나 EM발효액을 20㎖ 넣고 직접 녹인다.

❼ 비누몰드가 없으면 1리터 우유팩이나 종이컵을 활용한다.

❽ 에센셜오일은 꼭 70℃ 이하에서 넣도록 한다.
높은 온도에서 에센셜오일을 넣으면 향이 빨리 날아가 비누에 향이 덜하다.

❾ 몰드에 붓기 전 소독용 알콜을 뿌리면 비누가 몰드에서 잘 떨어진다.

❿ 비누를 다 붓고 소독용 알콜을 뿌리면 기포를 잡을 수 있다.

⓫ 비누베이스 1kg은 100g 비누 10개, 80g 비누 12개 정도 된다.

⓬ 천연비누는 잘 물러지기 때문에 망사 등에 넣어 걸어두고 사용하면
거품도 조밀하게 잘 나고 건조가 잘 되어 오래 사용할 수 있다.

⓭ 비누화 = 오일 + 가성소다 + 물 + (기능성 첨가물)

천연분말의 종류와 어울리는 에센셜오일

색상	천연분말	에센셜오일
노랑	단호박, 치자, 울금	레몬, 오렌지스윗, 만다린 등
빨강	파프리카, 딸기	일랑일랑, 딸기식향, 장미 등
파랑	청대, 울트라마린	티트리, 페퍼민트 등
초록	솔잎, 편백, 카모마일 파우더, 쑥	파인, 사이프러스 등
보라	울트라마린 보라, 로즈꽃잎파우더	라벤더, 시더우드, 로즈 등
흰색	진주, 살구씨분말	티트리 등

천연 CP비누 만들기 [저온숙성 기본]

단 원	천연 CP비누 만들기			학습대상	초등~성인
교육목표	천연비누의 재료를 알아보고 비누화 과정을 알 수 있다.				
교육효과	천연비누 만들기를 통해 환경 친화적 삶의 중요성을 알고, 현명한 소비자가 된다.				
학습자료	오염의 원인, 천연 비누 설명지				

학습 단계	교수학습활동	시간	자료
발단	**동기 유발** • 천연 비누는 언제부터 쓰게 되었을까? • 천연 비누는 무엇으로 만들까? **학습 내용 제시** • 환경오염의 원인을 알고 환경보호 실천방법 찾기 • 친환경적 천연비누 만드는 방법 알아보기	15	화학과 생활 외
	학습 목표 제시 • 사람들의 생활이나 활동에 따라 생기는 인위적인 오염 원인에 대해 생각해 본다. • 세제의 쓰임에 대해 알고 천연 비누를 만들 수 있다.	15	환경친화 PPT
전개	**천연 비누 만들기** • 가성소다를 정제수에 녹인 후 50℃(±5)가 되도록 식혀둔다. • 오일을 계량하여 50℃(±5)가 되도록 핫플레이트에 올려둔다. • 가성소다와 오일이 온도가 되면 오일에 가성소다를 붓고 핸드블렌더를 이용해 트레이스를 낸다. • 첨가물을 넣고 잘 섞어준다. • 꿀 정도의 트레이스가 나면 몰드에 붓고 24시간 보온 후 비누를 잘라 4주~6주 숙성시킨 후 사용한다.	40	천연 비누 재료, 비누화 과정 설명 PPT
정리	**학습 내용 실천 사항** • 녹색성장의 중요성과 친환경적 소비 '에코지능'에 대한 실천 의지를 다진다. • 오늘 배운 천연 비누 만들기와 사용법을 주변에 알려 공유할 수 있도록 한다. **학습에 대한 질의문답 및 학습 내용 정리** • 합성세제로 인한 환경오염의 원인을 알고 건강한 생활에 관심을 갖는다. **차시 예고 및 주변 정리** • 주변을 깨끗이 정리하고 다음 수업을 준비한다.	20	주변 정리

천연 CP비누 [저온숙성 기본]

준비

도구 핫플레이트, 스텐비이커 2개, 온도계, 핸드블렌더, 실리콘주걱,
　　 고무장갑, 마스크, 보안경, 앞치마, 나무스틱,
　　 사각비누몰드 1kg, 보온용 스티로폼상자, 비누도장, 비누칼,
　　 신문지, OPP 비누포장지, 스티커

재료 코코넛오일 250g, 팜오일 250g, 올리브오일 200g,
　　 포도씨오일 50g, 가성소다 116g, 정제수 187g,
　　 라벤더 에센셜오일 10ml, 소독용 알콜

만들기

❶ 작업 전에 고무장갑, 마스크, 보안경을 꼭 착용한다.

❷ 스텐비이커1에 정제수를 계량한다.

❸ 종이컵에 가성소다를 계량하여 환기가 잘되는 곳에서 스텐비이커1의 정제수에
　 가성소다를 조금씩 넣어가면서 녹인다. (중간중간 온도체크)

❹ 스텐비이커2에 각각의 오일을 계량하여 핫플레이트에 올려 50℃(±5)가 되도록한다.

❺ 스텐비이커1의 가성소다액도 50℃(±5)가 되면 스텐비이커2에 부어준다.

❻ 핸드블렌더와 주걱으로 번갈아가며 골고루 저어 트레이스가 나도록한다.

❼ 시럽 정도의 트레이스가 났을 때 첨가제(커피박)를 넣고 잘 섞어준다.

❽ 꿀 정도의 트레이스가 되면 사각몰드에 붓고 기포가 잘 빠지도록 바닥을 쳐준다.

❾ 스티로폼상자에 넣고 뚜껑을 덮어 24시간 보온한다.(무거운 것으로 눌러주면 효과적)

❿ 24시간 후 비누를 적당한 크기로 자르고 도장을 찍어 그늘에서 4주 이상 숙성시킨다.

TIP

❶ 원하는 기능성분말과 향을 첨가해서 다양한 숙성비누를 만들어본다.

폐식용유와 EM발효액으로 주방용 비누 만들기

단　　원	폐식용유와 EM발효액으로 주방용 비누 만들기		학습대상	초등~성인
교육목표	수질 오염의 심각성을 이해하고 폐식용유와 EM발효액으로 주방용 비누를 만들 수 있다.			
교육효과	폐식용유, EM을 활용해 친환경 주방용 비누를 만들 수 있다.			
학습자료	수질오염 자료, 주방용 비누 만들기 설명지.			

학습 단계	교수학습활동	시간	자료
발단	**동기 유발** • 폐식용유는 어디로 갈까? • 비누는 무엇으로 만들까? **학습 내용 제시** • 폐식용류로 인한 환경오염의 원인을 알고 환경보호 실천방법 찾기 • 폐식용류를 활용한 친환경적 천연비누 만드는 방법 알아보기	15	화학과 생활 외
	학습 목표 제시 • 사람들의 생활이나 활동에 따라 생기는 인위적인 오염 원인에 대해 생각해 본다. • 폐식용유를 활용한 EM발효액 비누를 만들 수 있다.	15	환경친화 PPT
전개	**폐식용유와 EM발효액으로 비누 만들기** • 가성소다를 정제수에 녹인 후 50℃(±5)가 되도록 식혀둔다. • 오일을 계량하여 50℃(±5)가 되도록 핫플레이트에 올려둔다. • 가성소다와 오일이 온도가 50℃(±5)가 되면 오일에 가성소다를 붓고 핸드블렌더를 이용해 트레이스를 낸다. • 첨가물 커피박을 넣고 잘 섞어준다. • 꿀 정도의 트레이스가 나면 몰드에 붓고 24시간 보온 후 비누를 잘라 4주~6주 숙성시킨 후 사용한다.	40	주방비누 재료 설명 PPT
정리	**학습 내용 실천 사항** • 녹색성장의 중요성과 친환경적 소비 '에코지능'에 대한 실천 의지를 다진다. • 오늘 배운 폐식용유와 EM발효액으로 주방용 비누 만들기와 사용법을 주변에 알려 함께 쓸 수 있도록 한다. **학습에 대한 질의문답 및 학습 내용 정리** • 폐식용류로 인한 오염 원인을 상기하고 건강한 생활에 관심을 갖는다. **차시 예고 및 주변 정리** • 주변을 깨끗이 정리하고 다음 수업을 준비한다.	20	주변 정리

폐식용유와 EM발효액 **주방용 비누**

준비

도구 핫플레이트, 스텐비이커 2개, 온도계,
핸드블렌더, 실리콘주걱, 고무장갑, 마스크,
보안경, 앞치마, 나무스틱, 사각비누몰드 1kg,
보온용 스티로폼상자, 비누도장, 비누칼,
신문지, OPP 비누포장지, 스티커

재료 폐식용유 1L. EM발효액 300g,
가성소다 170g, 커피박(원두커피찌꺼기) 6g

만들기

① 작업 전에 고무장갑, 마스크, 보안경을 꼭 착용한다.

② 스텐비이커1에 EM발효액을 계량한다.

③ 종이컵에 가성소다를 계량하여 환기가 잘되는 곳에서 스텐비이커1의 EM발효액에
가성소다를 조금씩 넣어가면서 녹인다. (중간중간 온도체크)

④ 스텐비이커2에 폐식용유를 계량하여 핫플레이트에 올려 50℃(±5)가 되도록한다.

⑤ 스텐비이커1의 가성소다액도 50℃(±5)가 되면 스텐비이커2에 부어준다.

⑥ 핸드블렌더와 주걱으로 번갈아가며 골고루 저어 트레이스가 나도록한다.

⑦ 시럽정도의 트레이스가 났을 때 첨가제(커피박)를 넣고 잘 섞어준다.

⑧ 꿀정도의 트레이스가 되면 사각몰드에 붓고 기포가 잘 빠지도록 바닥을 쳐준다.

⑨ 스티로폼상자에 넣고 뚜껑을 덮어 24시간 보온한다.(무거운 것으로 눌러주면 효과적)

⑩ 24시간 후 비누를 적당한 크기로 자르고 도장을 찍어 그늘에서 4주 이상 숙성시킨다.

TIP

① 세탁용 비누를 만들려면 커피박을 넣지 않는다. 세탁물에 얼룩이 질 수 있다.

천연 MP비누 만들기[녹여붓기 기본]

단 원	천연 MP비누 만들기		학습대상	초등~성인
교육목표	합성세제의 문제점을 알고 식물성 비누베이스를 활용해 천연 비누를 만들 수 있다.			
교육효과	식물성 천연비누 만들기를 통해 환경 친화적 삶의 중요성을 알고, 현명한 소비자가 된다.			
학습자료	오염의 원인, 천연 비누 설명지.			

학습 단계	교수학습활동	시간	자 료
발단	**동기 유발** • 천연 비누는 무엇으로 만들까? **학습 내용 제시** • 합성세제로 인한 환경오염의 원인을 알고 환경보호 실천방법 찾기 • 식물성 베이스 활용 천연비누 만드는 방법 알아보기	15	화학과 생활 외
	학습 목표 제시 • 사람들의 생활이나 활동에 따라 생기는 인위적인 오염 원인에 대해 생각해 본다. • 식물성 오일 비누 베이스로 천연 비누를 만들 수 있다.	15	환경친화 PPT
전개	**천연 비누 만들기** • 비누베이스를 비누칼로 잘라 비이커에 넣은 후 핫플레이트로 녹인다. • 녹은 비누베이스에 원하는 천연색소나 첨가물, 에센셜오일을 넣고 잘 젓는다. • 오일과 색소가 잘 섞인 비누베이스를 준비한 틀에 붓는다. 적당히 굳으면 틀에서 비누를 꺼낸다.	40	천연 비누 재료 설명 PPT
정리	**학습 내용 실천 사항** • 녹색성장의 중요성과 친환경적 소비 '에코지능'에 대해 실천 의지를 다진다. • 오늘 배운 천연 비누 만들기와 사용법을 주변에 알려 함께 쓸 수 있도록 한다. **학습에 대한 질의문답 및 학습 내용 정리** • 합성세제로 인한 수질오염 원인에 대해 알고 건강한 생활에 관심을 갖는다. **차시 예고 및 주변 정리** • 주변을 깨끗이 정리하고 다음 수업을 준비한다.	20	주변 정리

천연 MP비누 [녹여붓기 기본]

준비

도구 핫플레이트, 스텐비이커, 비누칼, 온도계, 실리콘주걱,
나무스틱, 비누몰드, 비누도장, 신문지, OPP 비누포장지,
스티커

재료 비누베이스 1kg, 글리세린 10g, 라벤더 에센셜오일 5ml,
소독용 알콜

만들기

❶ 비누베이스를 깍둑썰기 한다.(바닥에 두꺼운 종이를 깐다)

❷ 스텐비이커에 넣고 핫플레이트에 올려 녹인다.(중간온도 3~4)

❸ 비누가 녹으면 70℃ 정도에서 글리세린, 라벤더 에센셜오일을 넣는다.

❹ ❸을 잘 저어 섞은 후 몰드에 부어준다.

❺ 소독용 알콜을 뿌려 기포를 제거한다.

❻ 비누가 굳으면 쓰기 편한 두께로 잘라준다.

❼ 비누 도장을 찍어 포장하고 스티커를 붙인다.

EM 천연 꿀 보습 비누 만들기

단 원	EM 천연 꿀 보습 비누 만들기			학습대상	초등~성인
교육목표	유용미생물 EM을 이해하고, 하천의 오염의 원인을 알고, EM을 활용한 천연 비누를 만들 수 있다.				
교육효과	생활주변의 다양한 오염에 대해 이해하고 환경 친화적인, 유용미생물 EM활용 천연비누 제조법을 알고 EM 천연 꿀 보습 비누를 만들 수 있다.				
학습자료	오염의 원인, EM 천연 꿀 보습 비누 설명 PPT				

학습 단계	교수학습활동	시간	자 료
발단	**동기 유발** • 비누는 언제부터 사용했을까? • 천연비누와 화학비누의 차이는 무엇일까? **학습 내용 제시** • 유용미생물 EM에 대해 알아보고, 지구 환경에 어떠한 영향을 미치는지 알아본다.	15	화학과 생활 외
	학습 목표 제시 • EM 천연 비누를 만들고, 활용법을 안다. • 사람들의 생활이나 활동에 따라 생기는 인위적인 오염 원인에 대한 대처방법을 알 수 있다.	15	오염원인 PPT
전개	**EM 천연 보습비누 만들기** • 비누베이스를 잘라 핫플레이트에 녹인다. • 기능성 첨가물인 꿀, 에센셜오일, EM발효액을 넣는다. • 충분히 저어준 후 원하는 몰드에 굳혀준다. • 비누 액을 부은 후 기포가 생기면 소독용 알콜을 뿌려 기포를 제거해 준다.	40	EM 보습 비누 재료 설명 PPT

정리	**학습 내용 실천 사항**
	• 오늘 배운 EM 천연 꿀 보습 비누 만들기와 사용법을 주변에 알려
	  함께 쓸 수 있도록 한다.
	학습에 대한 질의문답 및 학습 내용 정리
	• 녹색성장의 중요성과 친환경적 소비 '에코지능'의 실천 의지를
	  다진다.
	• 꿀을 활용한 다양한 미용법에 대해 토론해 본다.
	차시 예고 및 주변 정리
	• 주변을 깨끗이 정리하고 다음 수업을 준비한다.
		20	주변
			정리

EM 천연 꿀 보습 비누

 **준비**

도구 핫플레이트, 스텐비이커, 비누칼, 온도계,
　　실리콘주걱, 나무스틱, 비누몰드, 에어캡비닐,
　　신문지, OPP 비누포장지, 스티커
재료 비누베이스 1kg, 꿀 10g, 에센셜오일(꿀향) 5ml,
　　EM활성액 10ml, 소독용 알콜

 만들기

❶ 비누베이스를 깍둑썰기 한다.(바닥에 도톰한 종이 또는 신문지를 깐다.)

❷ ❶을 스텐비이커에 넣고 핫플레이트에 올려 녹인다.(중간온도 3~4)

❸ 비누가 녹으면 70℃ 정도에서 꿀, EM활성액, 에센셜오일을 넣는다.

❹ 잘 저어 섞은 후 몰드에 부어준다.

❺ 소독용 알콜을 뿌려 기포를 제거한다.

❻ 비누가 굳으면 몰드에서 분리하여 포장하고 스티커를 붙인다.

 **TIP**

❶ 꿀향이 없으면, 레몬이나 라벤더, 티트리 등을 사용해도 좋다.

❷ 플라스틱 사각 용기 또는 작은 상자에 포장용 에어캡을 깔고 비누액을 부어주면
　벌집모양 비누를 표현할 수 있다.

❸ EM활성액 만드는 방법은 교재의 EM활성액 만들기 편을 참고한다.

어성초 민감성 비누 만들기

단 원	어성초 민감성 비누 만들기			학습대상	초등~성인
교육목표	피부에 좋은 천연 재료를 활용한 어성초 민감성 비누를 만들 수 있다.				
교육효과	민감성 피부의 특징과 원인을 알고 용도에 맞는 천연비누를 만들 수 있다.				
학습자료	수질 오염의 원인, 어성초 민감성 비누 설명지.				

학습 단계	교수학습활동	시간	자 료
발단	**동기 유발** • 어성초가 무엇일까? 어디에 좋을까? • 천연 재료가 사람과 자연에 어떤 영향을 미칠까? **학습 내용 제시** • 화학 비누와 천연 비누의 차이를 안다. • 어성초 민감성 비누를 만들어 본다.	15	화학과 생활 외
	학습 목표 제시 • 학교, 가정에서 오염물질에 대한 대처 방법 찾아보기 • 어성초 민감성 비누를 만들어 본다.	15	오염 물질과 원인 PPT
전개	**어성초 민감성 비누 만들기** • 천연 비누베이스를 깍뚝 썰기하여 비이커에 넣고 핫플레이트에서 녹인다. • 어성초분말을 소독용 알콜에 넣어 녹인다. • 비누가 녹으면 소독용 알콜에 녹인 어성초 분말을 넣고 히아루론산, 로즈마리 에센셜 오일을 넣어 섞는다. • 몰드에 붓고 소독용 알콜을 뿌려 기포를 없앤다.	40	어성초 비누 재료 설명 PPT
정리	**학습 내용 실천 사항** • 녹색성장의 중요성과 친환경적 소비 '에코지능'에 대해 실천 의지를 다진다. • 오늘 배운 어성초 민감성 비누 만들기와 사용법을 주변에 알려 함께 쓸 수 있도록 한다. **학습에 대한 질의문답 및 학습 내용 정리** • 어성초의 다양한 활용법을 상기하고 민감성 피부를 위한 재료들을 정리해 본다. **차시 예고 및 주변 정리** • 주변을 깨끗이 정리하고 다음 수업을 준비한다.	20	주변 정리

어성초 민감성피부용 비누

도구 핫플레이트, 스텐비이커, 비누칼, 온도계, 실리콘주걱, 나무스틱, 종이컵, 신문지, OPP 비누포장지, 스티커

재료 비누베이스 1kg, 글리세린 5g, 어성초 7g, 로즈마리 에센셜오일 5ml, 소독용 알콜

① 비누베이스를 깍둑썰기 한다.(바닥에 도톰한 종이(신문지)를 깐다)

② ①을 스텐비이커에 넣고 핫플레이트에 올려 녹인다.(중간온도 3~4)

③ 비누가 녹으면 70℃ 정도에서 글리세린, 어성초, 로즈마리 에센셜오일을 넣는다.

④ 잘 저어 섞은 후 몰드용 종이컵에 소독용 알콜을 뿌리고 절반 정도 부어준다.

⑤ 비누액을 다 부어준 후 소독용 알콜을 분사하여 표면을 매끄럽게 한다.

⑥ 비누가 굳으면 종이컵에서 분리하여 포장하고 스티커를 붙인다.

① 어성초분말은 비누액에 직접넣는 것보다 알콜이나 글리세린에 풀어서 넣는 것이 더 편리하다.

② 종이컵은 보통 180ml로 약 반쯤 부어주면 80g 정도의 비누가 된다.

③ 감초가루 3g 정도 첨가해도 좋다.
   (어성초와 감초를 같이쓰면 시너지효과를 낼 수 있다.)

율피 지성피부 비누 만들기

단 원	율피 지성피부 비누 만들기	학습대상	초등~성인
교육목표	환경과 피부에 좋은 율피 재료를 활용한 천연 비누를 만들 수 있다.		
교육효과	율피의 특성과 활용법을 알고 지성피부에 맞는 비누를 만들 수 있다.		
학습자료	수질 오염의 원인, 율피 지성 피부용 비누 설명지		

학습 단계	교수학습활동	시간	자료
발단	**동기 유발** • 율피가 무엇일까? 어떤 피부에 사용하면 좋을까? • 천연 재료를 사용하면 환경에 어떤 점이 좋을까? **학습 내용 제시** • 화학 비누와 천연 비누의 차이를 안다. • 율피를 활용한 지성피부에 좋은 비누를 만든다.	15	화학과 생활 외
	학습 목표 제시 • 사람들의 생활이나 활동에 따라 생기는 인위적인 오염 원인에 대해 생각해 본다. • 학교, 가정에서 오염물질에 대한 대처 방법 찾아본다. • 율피 건성피부 비누를 만들어 본다.	15	오염 물질과 원인 PPT
전개	**천연 율피 비누 만들기** • 천연 비누베이스를 깍뚝 썰기하여 비이커에 넣고 핫플레이트에서 녹인다. • 율피 분말을 소독용 알콜에 넣어 녹인다. • 비누가 녹으면 소독용 알콜에 녹인 율피 분말을 넣고 에센셜 오일을 넣어 섞는다. • 몰드에 붓고 소독용 알콜을 뿌려 기포를 없앤다.	40	율피 비누 재료 설명 PPT
정리	**학습 내용 실천 사항** • 녹색성장의 중요성과 친환경적 소비 '에코지능'에 대해 실천 의지를 다진다. • 오늘 배운 천연 비누 만들기와 사용법을 주변에 알려 함께 쓸 수 있도록 한다. **학습에 대한 질의문답 및 학습 내용 정리** • 지성피부에 맞는 재료들을 정리해 보고 건강한 생활에 관심을 갖는다. **차시 예고 및 주변 정리** • 주변을 깨끗이 정리하고 다음 수업을 준비한다.	20	주변 정리

율피 지성피부용 비누

준비

도구 핫플레이트, 스텐비이커, 비누칼, 온도계, 실리콘주걱, 나무스틱, 종이컵, 신문지, OPP 비누포장지, 스티커

재료 비누베이스 1kg, 글리세린 5g, 율피 7g, 티트리 에센셜오일 3ml, 소독용 알콜

만들기

❶ 비누베이스를 깍둑썰기 한다.(바닥에 도톰한 종이를 깐다)

❷ 스텐비이커에 넣고 핫플레이트에 올려 녹인다.(중간온도 3~4)

❸ 비누가 녹으면 70℃ 정도에서 글리세린, 율피, 티트리 에센셜오일을 넣는다.

❹ 잘 저어 섞은 후 종이컵에 소독용 알콜을 뿌리고 절반정도 부어준다.

❺ 비누액을 다 부어준 후 소독용 알콜을 분사하여 표면을 매끄럽게 한다.

❻ 비누가 굳으면 종이컵에서 분리하여 포장하고 스티커를 붙인다.

TIP

❶ 율피분말은 비누액에 직접 넣는 것보다
   소독용 알콜이나 글리세린에 풀어서 넣는 것이 더 편리하다.

❷ 깨끗한 모공청소를 위해 비누거품을 충분히 낸 후 얼굴을 마사지하면 좋다.

❸ 천연비누는 물에 분해가 잘되기 때문에 망사에 넣어 걸어두고 사용하면
   비누가 잘 건조되어 오래 사용할 수 있다.

아토피 피부에 좋은 파프리카 비누

단 원	천연 파프리카 비누 만들기		학습대상	초등~성인
교육목표	아토피 피부에 좋은 천연 파프리카 분말을 활용하여 천연 비누를 만들 수 있다.			
교육효과	파프리카 비누의 재료를 알고 아토피 피부에 좋은 파프리카 비누를 만들 수 있다.			
학습자료	수질 오염의 원인, 파프리카 비누 설명지			

학습 단계	교수학습활동	시간	자 료
발단	**동기 유발** • 아토피 피부에 대해 알고, 환경과의 관계를 알아보자. • 천연 재료를 사용하면 환경에 어떤 점이 좋을까? **학습 내용 제시** • 화학 비누와 천연 비누의 차이를 안다. • 파프리카 분말을 활용하여 아토피 피부에 좋은 비누를 만든다.	15	화학과 생활 외
	학습 목표 제시 • 사람들의 생활이나 활동에 따라 생기는 인위적인 오염 원인에 대해 생각해 본다. • 학교, 가정에서 오염물질에 대한 대처 방법 찾아보기 • 파프리카분말 활용 아토피 피부에 좋은 비누를 만든다.	15	오염 물질과 원인 PPT

전개	**천연 파프리카 비누 만들기**
	• 천연 비누베이스를 깍뚝 썰기하여 비이커에 넣고 핫플레이트에서
	  녹인다.
	• 파프리카 분말을 소독용 알콜에 넣어 녹인다.
	• 비누가 녹으면 소독용 알콜에 녹인 파프리카 분말을 넣고 글리세린,
	  에센셜 오일을 넣어 섞는다.
	• 몰드에 붓고 소독용 알콜을 뿌려 기포를 없앤다.
		40	파프리카
			비누 재료
			설명 PPT

정리	**학습 내용 실천 사항**
	• 녹색성장의 중요성과 친환경적 소비 '에코지능'에 대해 실천 의지를
	  다진다.
	• 오늘 배운 천연 비누 만들기와 사용법을 주변에 알려 공유할 수
	  있도록 한다.
	학습에 대한 질의문답 및 학습 내용 정리
	• 아토피의 원인에 대해 생각해 보고 건강한 생활에 관심을 갖는다.
	차시 예고 및 주변 정리
	• 주변을 깨끗이 정리하고 다음 수업을 준비한다.
		20	주변
			정리

아토피 피부에 좋은 **파프리카 비누**

도구 핫플레이트, 스텐비이커, 비누칼, 온도계,
실리콘주걱, 나무스틱, 실리콘몰드, 신문지,
OPP 비누포장지, 스티커

재료 비누베이스 1kg, 글리세린 5g,
파프리카분말 7g, 소독용 알콜
오렌지스윗 에센셜오일 5ml

❶ 비누베이스를 깍둑썰기 한다.(바닥에 도톰한 종이를 깐다.)

❷ 스텐비이커에 넣고 핫플레이트에 올려 녹인다.(중간온도 3~4)

❸ 비누베이스가 녹으면 70℃ 정도에서 글리세린, 파프리카분말, 오렌지스
윗 에센셜오일을 넣는다.

❹ 잘 저어 섞은 후 실리콘몰드에 소독용 알콜을 뿌리고 비누액을 부어준다.

❺ 비누액을 다 부어준 후 소독용 알콜을 분사하여 표면을 매끄럽게 한다.

❻ 비누가 굳으면 종이컵에서 분리하여 포장하고 스티커를 붙인다.

❶ 파프리카 분말은 비누액에 직접 넣는 것보다
소독용 알콜이나 글리세린에 풀어서 넣는 것이 더 편리하다.

여드름, 아토피 피부에 좋은 허브 비누

단 원	여드름, 아토피 피부에 좋은 허브 비누	학습대상	초등~성인
교육목표	환경의 중요성을 알고 천연 여드름, 아토피 피부에 좋은 허브 비누를 만들 수 있다.		
교육효과	여드름, 아토피 예방법을 알고 허브를 활용한 비누를 만들 수 있다.		
학습자료	환경 오염, 허브 비누 설명지.		

학습 단계	교수학습활동	시간	자 료
발단	**동기 유발** • 비누는 언제부터 사용했을까? • 천연 비누는 무엇으로 만들까? **학습 내용 제시** • 환경오염의 원인을 알고 환경보호 실천방법 찾기 • 친환경적 천연비누 만드는 방법 알아 보기	15	화학과 생활 외
	학습 목표 제시 • 사람들의 생활이나 활동에 따라 생기는 인위적인 오염 원인에 대해 생각해 본다. • 여드름, 아토피 피부에 좋은 허브 천연 비누를 만들 수 있다.	15	환경 오염 PPT
전개	**여드름, 아토피 피부에 좋은 허브 비누 만들기** • 비누베이스를 작게 잘라 비이커에 담는다. • 핫플레이트에 올려 비누베이스를 녹인 후 글리세린과 카렌듈라 허브를 넣고 젓는다. • 에센셜오일을 넣고, 기포가 생기지 않도록 소독용 알콜을 뿌린다. • 몰드에 비누액을 넣고 굳힌다.	40	천연 비누 재료 설명 PPT
정리	**학습 내용 실천 사항** • 녹색성장의 중요성과 친환경적 소비 '에코지능'에 대해 실천 의지를 다진다. • 오늘 배운 천연 비누 만들기와 사용법을 주변에 알려 함께 쓸 수 있도록 한다. **학습에 대한 질의문답 및 학습 내용 정리** • 여드름, 아토피 예방법을 알고 건강한 생활에 관심을 갖는다. **차시 예고 및 주변 정리** • 주변을 깨끗이 정리하고 다음 수업을 준비한다.	20	주변 정리

여드름·아토피 피부에 좋은 **허브 비누**

도구 핫플레이트, 스텐비이커, 비누칼, 온도계,
실리콘주걱, 나무스틱, 사각실리콘몰드,
비누도장, 신문지, OPP 비누포장지, 스티커

재료 비누베이스 1kg, 글리세린 5g,
카렌듈라 분말 7g, 티트리 에센셜오일 5ml,
레몬 에센셜오일 2ml, 소독용 알콜,
카렌듈라 건조잎 5g

① 비누베이스를 깍둑썰기 한다.(바닥에 도톰한 종이를 깐다)

② 스텐비이커에 넣고 핫플레이트에 올려 녹인다.(중간온도 3~4)

③ 비누가 녹으면 70℃ 정도에서 글리세린, 카렌듈라분말과 티트리,
레몬 에센셜오일을 넣는다.

④ 잘 저어 섞은 후 실리콘몰드에 소독용 알콜을 뿌리고 비누액을 부어준다.

⑤ 비누액을 몰드의 70%만 붓고 표면을 살짝 굳힌다.

⑥ 표면이 살짝 굳으면 소독용 알콜을 충분히 뿌리고 카렌듈라 건조잎을 넣어준다.

⑦ 비누액 30%를 부어주고 소독용 알콜을 뿌려 기포를 제거한다.

⑧ 비누가 굳으면 사각몰드에서 분리한 후 비누 칼로 100g씩 잘라준다.

⑨ 비누도장을 찍은 후 포장하고 스티커를 붙인다.

① 1kg 또는 500g용 실리콘 사각몰드에 작업하는 것이 좋다.

② 카렌듈라 건조잎은 알콜 소독 후 잘 건조해서 넣어준다.

③ 비누액을 2회에 나눠 부어서 카렌듈라 건조잎이 중앙에 오게 하는 것이 예쁘다.

천연 조물락 비누 만들기

단 원	천연 조물락 비누 만들기	학습대상	초등~성인
교육목표	하천 오염의 원인을 알고, 천연 비누를 만들 수 있다.		
교육효과	다양한 모양의 조물락 비누 만들기를 하며 하천오염 원인을 알 수 있다.		
학습자료	오염의 원인, 천연조물락 비누 설명지		

학습 단계	교수학습활동	시간	자료
발단	**동기 유발** • 집, 학교에서 사용하는 다양한 비누에 대해 알아본다. **학습 내용 제시** • 비누는 언제부터 사용했을까? 비누의 역사 • 다양한 색상의 입욕제를 활용하여 조물락 비누를 만든다.	15	화학과 생활 외
발단	**학습 목표 제시** • 조물락 비누에 색을 내는 입욕제에 대해 알아본다. • 학교, 가정에서 오염물질에 대한 대처 방법 찾아보기 • 다양한 비누 재료를 알고 조물락 비누를 만든다.	15	주변의 오염물질과 원인 PPT
전개	**조물 비누 만들기** • 큰 볼 용기에 솝누들을 계량한다. • 원하는 색상의 입욕제를 넣는다. • 워터를 계량 한다. 워터에 글리세린을 함께 계량한다. • 솝누들 볼에 워터를 붓고 반죽한다. 반죽하면서 에센셜오일을 첨가한다. • 원하는 모양으로 만들어 준다.	40	천연 비누 재료 설명 PPT

정리	**학습 내용 실천 사항**
	• 천연 비누는 세안, 목욕 등 다양하게 사용할 수 있다.
	• 녹색성장의 중요성과 친환경적 소비 '에코지능'에 대한 실천 의지를
	  다진다.
	• 오늘 배운 천연 조물락 비누 만들기와 사용법을 주변에 알려 함께
	  쓸 수 있도록 한다.
	
	학습에 대한 질의문답 및 학습 내용 정리
	• 조물락 비누의 활용법을 상기하고 건강한 생활에 관심을 갖는다.
	
	차시 예고 및 주변 정리
	• 주변을 깨끗이 정리하고 다음 수업을 준비한다.
		20	주변
			정리

천연 조물락 비누

솝누들
soap
noodle

준비

도구 스텐볼, 비닐장갑, 망사,
　　 OPP 비누포장지, 스티커
재료 솝누들 1kg, 글리세린 5g,
　　 정제수 170~200ml,
　　 입욕제 5g,
　　 레몬 에센셜오일 5ml,
　　 소독용 알콜

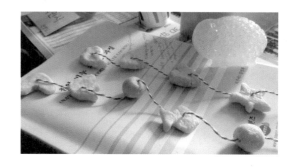

만들기

❶ 솝누들을 볼에 담는다.

❷ 솝누들에 글리세린, 입욕제를 넣어 골고루 색을 입힌다.

❸ 입욕제 색상에 어울리는 에센셜오일을 넣고 잘 섞어준다.
　 (천연비누 공통 주의사항 참고)

❹ 정제수 또는 플로랄워터를 조금씩 넣어가며 반죽한다.

❺ 주먹으로 쥐어보고 클레이정도의 질감이 되도록 주물러준다.

❻ 캐릭터모양 등 여러 가지 모양으로 비누를 만든다.

❼ 성형한 비누를 포장하고 스티커를 붙인다.

TIP

❶ 반죽을 많이 주물러줄수록 부드러운 질감을 느낄 수 있다.

❷ 분말로 된 솝누들은 가루가 많이 날려 작업이 어렵다.

❸ 분말로 된 솝누들을 사용할 경우 정제수만 넣어 미리 반죽해간다.

❹ 캐릭터모양을 PPT나 인쇄하여 가면 좋다.

❺ 반죽이 너무 질어질 경우를 대비해서 약간의 솝누들을 남겨 사용한다.

천연 5색 큐브 비누 만들기

단 원	천연 5색 큐브 비누 만들기	학습대상	초등~성인
교육목표	합성세제로 인한 하천 오염의 원인을 알고, 천연 비누를 만들 수 있다.		
교육효과	큐브 비누를 만들면서 환경 친화적 삶의 중요성을 알고, 현명한 소비자가 된다.		
학습자료	오염의 원인, 천연 5색 큐브 비누 설명지.		

학습 단계	교수학습활동	시간	자 료
발단	**동기 유발** • 집, 학교에서 사용하는 다양한 비누에 대해 알아본다. **학습 내용 제시** • 비누는 언제부터 사용했을까? 비누의 역사 • 천연비누와 화학비누의 차이는 무엇일까?	15	화학과 생활 외
	학습 목표 제시 • 사람들의 생활이나 활동에 따라 생기는 인위적인 오염 원인에 대해 생각해 본다. • 학교, 가정에서 오염물질에 대한 대처 방법 찾아보기 • 다양한 비누 재료를 알고 천연 분말을 찾아본다.	15	주변의 오염물질과 원인 PPT
전개	**천연 5색 큐브 비누 만들기** • 큰 볼 용기에 솝누들을 계량한다. • 원하는 색상의 입욕제를 넣는다. • 워터를 계량 한다. 워터에 글리세린을 함께 계량한다. • 솝누들 볼에 워터를 붓고 반죽한다. 반죽하면서 에센셜오일을 첨가한다. • 원하는 모양으로 만들어 준다.	40	천연 비누 재료 설명 PPT
정리	**학습 내용 실천 사항** • 천연 비누는 세안, 목욕 등 다양하게 사용할 수 있다. • 녹색성장의 중요성과 친환경적 소비 '에코지능'에 대한 실천 의지를 다진다. • 오늘 배운 천연 조물락 비누 만들기와 사용법을 주변에 알려 함께 쓸 수 있도록 한다. **학습에 대한 질의문답 및 학습 내용 정리** • 합성세제로 인한 하천 오염 원인과 건강한 생활에 관심을 갖는다. **차시 예고 및 주변 정리** • 주변을 깨끗이 정리하고 다음 수업을 준비한다.	20	주변 정리

천연 **5색 큐브 비누**

도구 스텐볼, 비닐장갑, 플라스틱 통,
OPP 비누포장지, 스티커
재료 솝누들 1kg, 글리세린 5g,
정제수 170ml~200ml, 천연분말 5종,
에센셜오일 5종

1. 솝누들을 200g씩 나누어 볼에 담는다.
2. 솝누들에 글리세린, 각각의 천연분말을 넣어 골고루 색을 입힌다.
3. 천연분말 색상에 어울리는 에센셜오일을 넣고 잘 섞어준다.
4. 정제수 또는 플로랄워터를 조금씩 넣어가며 반죽한다.
5. 주먹으로 쥐어보고 클레이정도의 질감이 되도록 주물러준다.
6. 동그라미나 네모 모양으로 비누를 만든다.
7. 성형한 비누를 포장하고 스티커를 붙인다.

1. 반죽을 많이 주물러줄수록 부드러운 질감을 느낄 수 있다.
2. 비누를 꺼내 쓰기 쉽게 입구가 넓은 플라스틱 용기를 사용한다.
3. 한번 사용한 큐브비누는 물로 헹구어 망사에 넣어 사용한다.
4. 좋아하는 캐릭터 모양으로 만들어도 좋다.
5. 50cm정도의 끈을 준비해 큐브 비누를 꿰어 써도 좋다.

모발강화 로즈마리 샴푸 만들기

단 원	모발강화 로즈마리 샴푸 만들기	학습대상	초등~성인
교육목표	일상생활 속에서 자연물 활용방법을 알고, 모발강화 천연샴푸를 만들 수 있다.		
교육효과	천연샴푸 만들기를 통해 환경을 위한 제품에 관심을 갖고 선별하여 사용 및 구매할 수 있다.		
학습자료	환경오염 자료, 모발강화 로즈마리 샴푸 설명지.		

학습 단계	교수학습활동	시간	자 료
발단	**동기 유발** • 현대인들의 탈모의 원인이 무엇인지 생각해본다. • 생활이나 활동에서 생기는 인위적인 것, 기후 변화, 대기 오염에 대해 알아본다. **학습 내용 제시** • 천연계면활성제와 합성계면활성제의 차이를 알아본다. • 주변의 대기 오염으로부터 건강을 지키는 다양한 방법 알아본다.	15	화학과 생활 외
	학습 목표 제시 • 기후 변화의 심각성을 알고 원인 및 대처방법 생각하기 • 천연 탈모예방 한방샴푸를 만들 수 있다.	15	기후 변화 PPT
전개	**모발강화 천연샴푸 만들기** • 용기에 로즈마리워터와 폴리쿼터를 계량한다. • 용기를 핫플레이트에 올려 40℃~50℃로 온도를 올려 점증한다. • 천연계면활성제 LES, 코코베타인을 넣는다. • 판테놀, 글리세린, 실크아미노산, 어성초추출물, 케라스젠, 호호바오일, 올리브오일을 넣고 잘 섞어준다. • 천연에센셜오일을 넣고 용기에 담아 잘 흔들어준다.	40	모발강화 로즈마리 샴푸 재료 설명 PPT
정리	**학습 내용 실천 사항** • 모발강화 천연샴푸의 사용법을 상기한다. • 녹색성장의 중요성과 친환경적 소비 '에코지능'의 실천 의지를 다진다. • 오늘 배운 모발강화 로즈마리 샴푸 만들기와 사용법을 주변에 알려 함께 쓸 수 있도록 한다. **학습에 대한 질의문답 및 학습 내용 정리** • 합성세제로 인한 오염과 천연샴푸를 활용한 건강한 생활에 관심을 갖는다. **차시 예고 및 주변 정리** • 주변을 깨끗이 정리하고 다음 수업을 준비한다.	20	주변 정리

모발강화 로즈마리 샴푸

도구 핫플레이트, 스텐비이커, 온도계, 실리콘주걱, 깔때기,
펌핑용기 500g, 스티커

재료 로즈마리워터 250g, 폴리쿼터 5g, 코코베타인 60g,
LES 120g, 판테놀 2g, 글리세린 8g, 실크아미노산 15g,
헤나추출물 15g, 케라스젠 30g, 호호바오일 4g,
올리브오일 4g, 로즈마리에센셜오일 5ml

① 용기에 로즈마리워터와 폴리쿼터를 계량한다.

② 용기를 핫플레이트에 올려 40℃~50℃로 온도를 올려 점증한다.

③ 천연계면활성제 LES, 코코베타인을 넣는다.

④ 판테놀, 글리세린, 실크아미노산, 헤나추출물, 케라스젠, 호호바오일,
올리브오일을 넣고 잘 섞어준다.

⑤ 로즈마리 에센셜오일을 넣고 용기에 담아 잘 흔들어준다.

⑥ 깔때기를 이용하여 펌핑용기에 넣고 스티커를 붙인다.

① 폴리쿼터가 뭉치지 않도록 잘 녹여 주어야한다.

② 용기에 담을 때 LES가 무거워 가라앉으니 잘 저으면서 담아야한다.

③ 여러 개를 한 번에 만들 경우 한 용기에 한 번에 다 담기보다는
용기마다 30%정도씩 순차적으로 나누어 담으면 각 성분을 골고루 담을 수 있다.

탈모예방 EM 한방샴푸 만들기

단 원	탈모예방 EM 한방샴푸 만들기	학습대상	초등~성인
교육목표	일상생활 속에서 자연물 활용방법을 알고, 천연 탈모예방 한방샴푸를 만들 수 있다.		
교육효과	탈모의 원인을 알고 환경을 위한 제품에 관심을 갖고 선별하여 사용 및 구매할 수 있다.		
학습자료	환경오염 자료, 탈모예방 EM 한방샴푸 설명지.		

학습 단계	교수학습활동	시간	자 료
발단	**동기 유발** • 현대인들의 탈모의 원인이 무엇인지 생각해본다. • 생활이나 활동에서 생기는 인위적인 것, 기후 변화, 대기 오염에 대해 알아본다. **학습 내용 제시** • 천연계면활성제와 합성계면활성제의 차이를 알아본다. • 주변의 대기 오염으로부터 건강을 지키는 다양한 방법을 알아본다.	15	화학과 생활 외
	학습 목표 제시 • 기후 변화의 심각성을 알고 원인 및 대처방법 생각하기 • 천연 탈모예방 한방샴푸를 만들 수 있다.	15	기후 변화 PPT
전개	**천연 탈모예방 EM 한방샴푸 만들기** • 용기에 수상층 한방 EM발효액을 넣는다. • 점증제 폴리쿼터를 소량 넣는다. • 핫플레이트에서 40~50도로 폴리쿼터를 녹인다. • 천연계면활성제 LES, 코코베타인을 넣는다. • 실크아미노산, 네추럴베타인, 판테놀, 글리세린을 넣고 천연비타민 E를 넣는다. • 천연에센셜오일을 넣고 용기에 담아 잘 흔들어준다.	40	천연 탈모예방 샴푸 재료 설명 PPT

정리	**학습 내용 실천 사항**
	• 천연 탈모예방 한방샴푸의 사용법을 상기한다.
	• 녹색성장의 중요성과 친환경적 소비 '에코지능'에 대해 실천 의지를
	  다진다.
	• 오늘 배운 천연 한방샴푸 만들기와 사용법을 주변에 알려 함께 쓸
	  수 있도록 한다.
	학습에 대한 질의문답 및 학습 내용 정리
	• 탈모의 원인을 알고 친환경적인 건강한 생활에 관심을 갖는다.
	차시 예고 및 주변 정리
	• 주변을 깨끗이 정리하고 다음 수업을 준비한다.
		20	주변
			정리

탈모예방 EM한방 샴푸

준비

도구 핫플레이트, 스텐비이커, 온도계, 실리콘주걱,
    펌핑용기 250g, 스티커
재료 한방발효액 100g, EM원액 20g, 폴리쿼터 2g,
    코코베타인 40g, LES 80g, 판테놀 3g, 글리세린 3g,
    실크아미노산 2g, 네추럴베타인 3g, 천연비타민 E 2g,
    로즈마리 5방울, 라벤터 5방울, 페퍼민트 5방울

만들기

① 스텐비이커에 한방발효액과 EM원액을 계량한다.
② 폴리쿼터를 계량하여 스텐비이커에 넣고 잘 저어준다.
③ 핫플레이트에 올려 온도를 40℃~50℃로 올린다.
④ 폴리쿼터가 잘 녹으면 천연계면활성제 LES, 코코베타인을 넣는다.
⑤ 판테놀, 글리세린, 실크아미노산, 네추럴베타인, 천연비타민E를 넣는다.
⑥ 3가지의 에센셜오일을 넣고 잘 섞어준 후 용기에 담는다.

TIP

① 폴리쿼터가 뭉치지 않도록 잘 녹여 주어야한다.
② 용기에 담을 때 LES가 무거워 가라앉으니 잘 저으면서 담아야한다.
③ 여러 개를 한 번에 만들 경우 한 용기에 한 번에 다 담기보다는 용기마다 30%
   정도씩 순차적으로 나누어 담으면 각 성분을 골고루 담을 수 있다.
④ 한방발효액은 감초, 어성초, 약쑥, 삼백초, 하수오, 검은콩, 당귀, 측백 등의 재료를
   1리터의 정제수에 넣고 달인다.
⑤ EM원액 대신에 EM쌀뜨물 발효액을 넣어도 효과가 좋다.

천연 세탁세제 만들기

단 원	천연 세탁세제 만들기		학습대상	초등~성인
교육목표	베이킹 소다, 구연산, 과탄산소다의 기능과 쓰임을 알고, 천연세탁세제를 만들 수 있다.			
교육효과	천연 유래 성분으로 천연 세탁세제를 만들 수 있다.			
학습자료	건조기후의 원인, 천연 세탁세제 설명지.			

학습 단계	교수학습활동	시간	자 료
발단	**동기 유발** • 생활주변의 오염물에 대해 알아본다. • 사람들의 생활이나 활동에 따라 생기는 인위적인 것, 기후 변화, 　대기 오염에 대해 생각해본다. **학습 내용 제시** • 천연재료와 합성재료의 차이를 알아보자. • 주변의 대기 중의 오염 원인을 알고 건강을 지키는 다양한 방법 　생각하기	15	화학과 생활 외
	학습 목표 제시 • 일반 세탁세제와 천연세탁세제의 차이점을 알고 천연 세탁세제를 　만들 수 있다. • 베이킹 소다, 구연산, 과탄산 소다 등 천연 재료의 기능과 쓰임을 　알고 친환경적 소비를 할 수 있다.	15	천연제품
전개	**천연 세탁세제 만들기** • 준비된 용기에 베이킹 소다, 구연산, 과탄산소다를 넣고 잘 　섞어준다. • 코코베타인, EM발효액, LES등을 계량하여 넣는다. • 액상재료들이 들어가면서 생크림처럼 반응하게 되는데 재료를 　충분히 주물러 반응 시켜 건조한 후 보송보송한 상태가 되면 　가루형태로 용기에 담아 준다.	40	천연 세탁세제 재료 설명 PPT
정리	**학습 내용 실천 사항** • 천연 세탁세제 사용법을 상기한다. • 오늘 배운 천연 세탁세제 만들기와 사용법을 주변에 알려 함께 쓸 　수 있도록 한다. **학습에 대한 질의문답 및 학습 내용 정리** • 천연세제 만들기를 통해 알게된 녹색성장의 중요성과 친환경적 　소비 '에코지능'의 실천 의지를 다진다. **차시 예고 및 주변 정리** • 주변을 깨끗이 정리하고 다음 수업을 준비한다.	20	주변 정리

천연 세탁세제

준비

도구 입구가 넓은 볼(약 3리터), 실리콘주걱, 비이커, 저울,
　　　고무장갑, 500ml 용기, 스티커

재료 탄산수소나트륨(베이킹소다) 200g, 구연산 100g,
　　　과탄산소다 200g, 코코베타인 5ml, EM발효액 15ml,
　　　천일염 곱게 간 것 10g

만들기

❶ 넓은 볼에 베이킹소다, 구연산, 과탄산소다를 계량한다.

❷ 고무장갑을 끼고 재료들을 잘 섞어준다.

❸ 천연계면활성제 코코베타인, EM발효액, 천일염을 넣는다.

❹ 재료들이 충분히 섞이도록 잘 섞어준다.

❺ 재료들이 화학적인 반응으로 부풀어 오르면 조금 기다렸다가
　　가루들이 뭉치지 않도록 잘 비벼준다.

❻ 보송보송한 가루상태가 되면 지퍼백에 담고 스티커를 붙인다.

TIP

❶ 넓은 볼은 스테인레스 볼이 편리하다.

❷ 천연계면활성제는 애플위시를 사용해도 좋다.

❸ 천일염을 갈아 넣으면 세탁물 살균에 더 효과적이다.

❹ 과탄산소다는 찬물에 녹지 않으므로 세탁시 꼭 40℃이상의 물에 녹여서 사용한다.

천연 섬유유연제 만들기

단 원	천연 섬유유연제 만들기	학습대상	초등~성인
교육목표	구연산의 활용에 대해 알아보고 천연섬유유연제를 만든다.		
교육효과	천연 유래 성분으로 천연 섬유유연제를 만들 수 있다.		
학습자료	물오염의 원인, 천연 섬유유연제 설명지.		

학습 단계	교수학습활동	시간	자 료
발단	**동기 유발** • 생활주변의 오염물에 대해 알아본다. • 섬유유연제는 어떤 원리일까? **학습 내용 제시** • 천연재료와 합성재료의 차이를 알아보자. • 섬유유연제의 재료를 알아보고 섬유유연제를 만들어 본다.	15	화학과 생활 외

	학습 목표 제시
	• 일반 섬유유연제와 천연섬유유연제의 차이점을 알고 천연
	  섬유유연제를 만들 수 있다.
	• 구연산, 폴리쿼터 등 천연 재료의 기능과 쓰임을 알고 친환경적
	  소비를 할 수 있다.
		15	천연제품

전개	**천연 섬유유연제 만들기**
	• 증류수, EM발효액, 구연산을 계량하여 넣고 가열하여 50℃가
	  되도록 한다.
	• 폴리쿼터를 넣고 저으면서 점도를 높여준다.
	• 비이커에 솔루불라이져를 계량하고 에센셜오일을 넣고 잘
	  섞이도록 저어준다.
	• 점증된 증류수에 위의 재료를 넣고 잘 저어준다.
	• 소독된 용기에 담고 스티커를 붙인다.
		40	천연
			섬유유연제
			재료 설명
			PPT

정리	**학습 내용 실천 사항**
	• 천연 섬유유연제 사용법을 상기한다.
	• 오늘 배운 천연 섬유유연제 만들기와 사용법을 주변에 알려 함께 쓸
	  수 있도록 한다.
	
	학습에 대한 질의문답 및 학습 내용 정리
	• 녹색성장의 중요성과 친환경적 소비 '에코지능'의 실천 의지를 다진다.
	• 일반 섬유유연제가 일으키는 문제를 알고 천연 섬유유연제를
	  사용하는 건강한 생활에 관심을 갖는다.
	
	차시 예고 및 주변 정리
	• 주변을 깨끗이 정리하고 다음 수업을 준비한다.
		20	주변
			정리

천연 섬유유연제

준비

도구 핫플레이트, 스텐비이커, 비이커, 스포이드,
온도계, 실리콘주걱, 500ml용기 2개, 스티커

재료 정제수 800g, EM발효액 200g, 구연산 150g,
폴리쿼터 7g, 솔루블라이져 10ml,
라벤더, 레몬, 오렌지스윗 등 에센셜오일 10ml

만들기

❶ 스텐비이커에 정제수와 EM발효액을 계량한다.

❷ 핫플레이트 위에 올려 구연산을 넣고 온도를 약 50℃로 올린다.

❸ 폴리쿼터를 계량하여 넣고 잘 저어준다.

❹ 폴리쿼터가 잘 녹으면서 약간의 점도가 있는 섬유유연제가 된다.

❺ 비이커에 솔루블라이져와 각 에센셜오일을 혼합 계량하여 유화시킨다.

❻ 점도가 생긴 섬유유연제에 넣고 잘 섞어준 후 용기에 담는다.

❼ 스티커를 붙인다.

TIP

❶ 폴리쿼터를 잘 녹여 주어야한다.(점도를 원하지 않으면 생략가능)

❷ 향기를 좋아하지 않으면 에센셜오일을 넣지 않아도 된다.

❸ 에센셜오일이 물과 분리되므로 솔루블라이져나 올리브리퀴드로 유화를 시킨 뒤 넣어준다.

❹ 에센셜오일과 솔루블라이져는 꼭 다른 용기에 유화시켜야한다.

❺ 구연산을 너무 많이 넣으면 섬유가 상한다.

천연 만능크림세제 만들기

단 원	천연 만능크림세제 만들기	학습대상	초등~성인
교육목표	천연 재료를 활용한 천연 만능크림세제 만들기를 통해 에코지능을 높일 수 있다.		
교육효과	천연 유래 성분으로 천연 만능크림세제를 만들 수 있다.		
학습자료	환경 오염의 원인 자료, 천연 만능크림세제 설명지.		

학습 단계	교수학습활동	시간	자 료
발단	**동기 유발** • 주방·욕실 등의 찌든 때 등 생활주변의 오염물에 대해 알아본다. **학습 내용 제시** • 사람들의 생활이나 활동에 따라 생기는 인위적인 오염 원인에 대해 생각해본다. • 천연재료를 활용한 세제와 시중 세제의 차이를 알아본다.	15	화학과 생활 외
발단	**학습 목표 제시** • 학교, 가정에서 오염물질에 대한 대처 방법 찾아보기 • 찌든 때, 얼룩을 제거하기 위한 시중의 세제 재료를 알아보고, 천연 만능크림세제를 만들 수 있다.	15	오염물질과 원인 PPT
전개	**천연 만능크림세제 만들기** • 준비된 용기에 베이킹소다, 물비누를 넣고 잘 섞는다. • 첨가물들(식초, EM발효액)을 계량하여 넣는다. • 충분히 반응시켜 용기에 담는다. • 필요한 만큼 조금씩 덜어 사용한다.	40	천연 만능크림 세제 재료 설명 PPT
정리	**학습 내용 실천 사항** • 녹색성장의 중요성과 친환경적 소비 '에코지능'에 대해 실천 의지를 다진다. • 오늘 배운 천연 만능크림세제 만들기와 사용법을 알고, 주변에 알려 함께 쓸 수 있도록 한다. **학습에 대한 질의문답 및 학습 내용 정리** • 오염 원인과 건강한 생활에 대한 내용을 상기한다. **차시 예고 및 주변 정리** • 주변을 깨끗이 정리하고 다음 수업을 준비한다.	20	주변 정리

천연 **만능크림세제**

준비

도구 입구가 넓은 볼(약 3리터), 실리콘주걱,
  비이커, 저울, 펌핑용기(350ml)
재료 탄산수소나트륨(베이킹소다) 100g,
  애플워시 100g, 식초 50g, EM발효액 100ml

만들기

❶ 넓은 볼에 베이킹소다, 애플워시를 넣는다.

❷ 실리콘주걱으로 재료들을 잘 섞어준다.

❸ 식초와 EM발효액을 넣고 잘 저어준다.

❹ 재료들이 화학적인 반응으로 부풀어 오르면 거품이 줄어들 때까지
  실리콘 주걱으로 천천히 저어준다.

❺ 완성된 만능크림세제를 펌핑용기에 담고 스티커를 붙인다.

TIP

❶ 넓은 볼은 스테인레스 볼이 편리하다.

❷ 천연계면활성제는 애플워시 대신 주방세제를 사용해도 좋다.

❸ 찌든 때 등에는 만능크림세제를 발라놓고 5분정도 기다리면 세정효과가 더 좋다.

천연 바스붐 만들기

단 원	천연 바스붐 만들기	학습대상	초등~성인
교육목표	건조한 대기환경의 원인을 알고, 천연 바스붐을 만들 수 있다.		
교육효과	천연재료를 활용한 바스붐 만들기를 통해 환경 친화적 삶의 중요성을 알고, 현명한 소비자가 된다.		
학습자료	환경 오염의 원인, 천연 바스붐 만들기 설명지.		

학습 단계	교수학습활동	시간	자 료
발단	**동기 유발** • 기후변화, 건조 기후 등 환경 이해 자료 보기 • 사람들의 활동으로 생기는 인위적인 것, 기후 변화, 물 오염에 대해 생각하기 **학습 내용 제시** • 주변에서 일어나는 기후 변화 원인을 알아본다. • 건조한 환경으로부터 건강을 지키는 다양한 방법 찾아보기	15	화학과 생활 외
발단	**학습 목표 제시** • 사람들의 생활이나 활동에 따라 생기는 인위적인 오염 원인에 대해 생각해 본다. • 물 오염의 원인을 알고 천연 바스붐을 만들 수 있다.	15	오염물질과 원인 PPT
전개	**천연 바스붐 만들기** • 용기에 베이킹소다, 구연산, 콘스타치를 계량하여 넣고 잘 섞는다. • 코코베타인, 글리세린, 입욕제, 에센셜오일을 넣는다. • 재료들을 잘 섞고, 생크림처럼 반응이 두 번정도 일어나면 원하는 모양으로 만든다. • 건조된 바스붐을 랩으로 잘 밀봉한다.	40	천연바스붐 재료 설명 PPT
정리	**학습 내용 실천 사항** • 녹색성장의 중요성과 친환경적 소비 '에코지능'에 대해 실천 의지를 다진다. • 오늘 배운 천연 바스붐 만들기와 사용법을 주변에 알려 함께 쓸 수 있도록 한다. **학습에 대한 질의문답 및 학습 내용 정리** • 천연바스붐의 재료와 활용법을 알고 건강한 생활에 관심을 갖는다. **차시 예고 및 주변 정리** • 주변을 깨끗이 정리하고 다음 수업을 준비한다.	20	주변 정리

천연 바스붐

준비

도구 입구가 넓은 볼(약 3리터), 실리콘주걱, 비이커,
　　 저울, 바스붐용 반구(몰드)
재료 베이킹소다(탄산수소나트륨) 300g,
　　 옥수수전분(콘스타치) 30g, 구연산 100g,
　　 입욕제 15g, 코코베타인 20g, 글리세린 10g,
　　 EM발효액 10g, 제라늄, 일랑일랑,
　　 로즈, 자스민, 레몬, 라벤더 에센셜오일 중
　　 택1 20방울

만들기

① 넓은 볼에 베이킹소다, 옥수수전분, 구연산, 입욕제를 계량하여 넣는다.

② 넣은 재료들을 잘 섞어준다.

③ 코코베타인, 글리세린, EM발효액, 선택한 에센셜오일을 넣고 잘 섞는다.

④ 재료들이 화학적인 반응으로 부풀어 오르면 천천히 저으면서
　 거품이 줄어들 때까지 손으로 잘 비벼준다.

⑤ 완성된 바스를 반구 틀에 넣거나 모양몰드에 넣어 모양을 만든다.

⑥ 모양이 완성된 바스붐은 바람이 잘 통하는 그늘에서 하루정도 말린다.

⑦ 랩으로 밀봉하여 보관한다.

TIP

① 넓은 볼은 스테인레스 볼이 편리하다.

② 손으로 비벼주면서 쥐어봤을 때 뭉쳐지면 틀을 활용하여 모양을 만든다.

③ 너무 건조하여 뭉쳐지지 않으면 스프레이로 물을 조금씩 추가하면서 모양을 만들어 본다.

④ 재료가 너무 질게 반죽이 되었으면 옥수수전분을 조금씩 넣으면서 점도를 조절한다.

순식물성 여성청결제 만들기

단 원	순식물성 여성청결제 만들기		학습대상	초등~성인
교육목표	일상생활 속에서 자연물 활용방법을 알고, 순식물성 여성청결제를 만들 수 있다.			
교육효과	순식물성 여성청결제 만들기를 통해 환경을 위한 제품에 관심을 갖고 선별하여 사용 및 구매할 수 있다.			
학습자료	환경오염 자료, 순식물성 여성청결제 설명지			

학습 단계	교수학습활동	시간	자 료
발단	**동기 유발** • 천연계면활성제 애플워시 알아보기 • 지구환경을 위해 필요한 활동에 대해 알아본다. **학습 내용 제시** • 가정에서, 학교에서, 산업현장 등에서 물의 오염 원인을 알아보기 • 식물성계면활성제의 분해과정 알아보기	15	화학과 생활 외
	학습 목표 제시 • 가정, 학교에서 물 오염을 줄이기 위한 방법을 찾을 수 있다. • 합성계면활성제로 인한 오염원인을 알아보고 순식물성 여성청결제를 만들어 본다.	15	계면 활성제 PPT
전개	**순식물성 여성청결제 만들기** • 정제수를 준비하여 비이커에 넣는다. • 글리세린, EM원액, 애플워시를 넣고 잘 저어준다. • 천연비타민E, 티트리, 프랑킨센스 에센셜오일을 넣고 잘 저어준다. • 거품용기에 담고 스티커를 붙인다.	40	여성청결제 재료 설명 PPT
정리	**학습 내용 실천 사항** • 친환경적 소비 '에코지능'에 대해 실천 의지를 다진다. • 오늘 배운 여성청결제 만들기와 사용법을 주변에 알려 함께 쓸 수 있도록 한다. **학습에 대한 질의문답 및 학습 내용 정리** • 여성청결제의 재료와 사용법을 알고 건강한 생활환경에 관심을 갖는다. **차시 예고 및 주변 정리** • 주변을 깨끗이 정리하고 다음 수업을 준비한다.	20	주변 정리

순식물성 여성청결제

준비

도구 비이커, 거품용기 100ml, 스포이드,
　　 스테인레스 시약스푼
재료 정제수(또는 로즈 플로럴워터) 40ml,
　　 글리세린 20ml, 녹차추출물 15ml, EM원액 10ml,
　　 애플워시 15ml, 천연비타민E 2ml, 티트리 2방울,
　　 프랑킨센스 3방울

만들기

❶ 비이커에 정제수를 계량한다.

❷ 글리세린, 녹차추출물, EM원액, 애플워시를 넣고 잘 저어준다.

❸ 방부보존효과가 있는 천연비타민E, 항균살균 티트리, 항산화 프랑킨센스
　 에센셜오일을 넣고 잘 섞어준다.

❹ 거품용기에 담고 스티커를 붙여준다.

TIP

❶ 정제수대신 로즈플로럴워터를 쓰면 더 기능적인 청결제를 만들 수 있다.

❷ 세정감이 떨어진다고 생각되면 글리세린의 양을 줄여도 좋다.

❸ EM원액, 녹차추출물은 생략해도 좋다.

❹ 프랑킨센스가 없으면 버가못이나 그레이프 등 구하기 쉬운 에센셜오일로 대체해도 좋다.

❺ 사용 전 용기를 충분히 흔들어 거품이 잘 만들어지도록 사용하면 세정감이 상승된다.

자일리톨 녹차 치약 만들기

단 원	자일리톨 녹차 치약 만들기	학습대상	초등~성인
교육목표	일상생활 속에서 자연물 활용방법을 알고, 천연치약을 만들 수 있다.		
교육효과	천연치약 만들기를 통해 환경을 위한 제품에 관심을 갖고 선별하여 사용 및 구매할 수 있다.		
학습자료	환경오염 자료, 천연 자일리톨 녹차치약 설명지.		

학습 단계	교수학습활동	시간	자 료
발단	**동기 유발** • 매일 사용하는 치약의 재료가 무엇인지 알아본다. • 생활이나 활동에서 생기는 인위적인 것, 기후 변화, 대기 오염에 대해 알아본다. **학습 내용 제시** • 천연계면활성제와 합성계면활성제의 차이를 알아본다. • 주변의 대기 오염으로부터 건강을 지키는 다양한 방법 알아본다.	15	화학과 생활 외
	학습 목표 제시 • 기후 변화의 심각성을 알고 원인 및 대처방법 생각하기 • 자일리톨 녹차 치약을 만들 수 있다.	15	기후 변화 PPT
전개	**자일리톨 녹차 치약 만들기** • 탄산수소나트륨, 옥수수전분, 자일리톨, 녹차분말 등의 분말재료를 계량하여 비이커에 담아둔다. • 애플워시, 글리세린, EM원액 등 액상을 계량한다. • 재료들이 잘 섞이도록 잘 저어준다. • 천연비타민E와 스피아민트 에센셜오일을 넣는다. • 충분히 저어준다. • 주사기나 짤주머니에 넣어 용기에 담아준다.	40	녹차치약 재료 설명 PPT
정리	**학습 내용 실천 사항** • 자일리톨 녹차 치약 만들기 사용법을 상기한다. • 녹색성장의 중요성과 친환경적 소비 '에코지능'에 대한 실천 의지를 다진다. • 오늘 배운 자일리톨 녹차 치약 만들기와 사용법을 주변에 알려 함께 쓸 수 있도록 한다. **학습에 대한 질의문답 및 학습 내용 정리** • 구강제품 사용의 중요성을 알고 건강한 생활에 관심을 갖는다. **차시 예고 및 주변 정리** • 주변을 깨끗이 정리하고 다음 수업을 준비한다.	20	주변 정리

자일리톨 녹차 치약

도구 비이커 1ℓ, 미니블렌더, 실리콘주걱,
계량스푼, 저울, 주사기(짤주머니),
튜브용기 50㎖

재료 탄산수소나트륨(베이킹소다) 30g,
옥수수전분(콘스타치오) 32g, 자일리톨 5g,
녹차분말 1g, 애플워시 15g, 글리세린 25g,
EM원액 5g, 천연비타민E 2g, 스피아민트 3방울

❶ 비이커에 탄산수소나트륨, 옥수수전분, 자일리톨, 녹차분말을 계량한다.

❷ 애플워시, 글리세린, EM원액, 천연비타민E를 넣는다.

❸ 재료들이 충분히 섞이도록 미니블렌더를 사용하여 잘 저어준다.

❹ 재료가 부드럽게 잘 섞이면 스피아민트 에센셜오일을 넣고 잘 섞어준다.

❺ 주사기나 짤주머니를 활용해 튜브용기에 넣어준다.

❻ 스티커를 붙인다.

❶ 튜브에 넣을 때 튜브 공기를 뺀다. 넣었다하면서 넣으면 잘 들어간다.

❷ 스티커를 붙일 때 용기표면에 약간의 열을 가하면 스티커가 잘붙는다.

❸ 구운소금을 조금 갈아넣으면 어른들이 사용하기 더 좋다.

❹ EM원액과 녹차가루가 구취제거에 효과가 있다.

유용미생물 EM 쌀뜨물 발효액 만들기

단 원	EM쌀뜨물 발효액 만들기	학습대상	초등~성인
교육목표	수질 오염의 심각성을 이해하고 학교, 집에서 물의 올바른 사용을 할 수 있다.		
교육효과	유용미생물 EM을 활용해 쌀뜨물 발효액을 만들어 사용한다.		
학습자료	수질오염 자료, 유용미생물 EM쌀뜨물 발효 설명지.		

학습 단계	교수학습활동	시간	자 료
발단	**동기 유발** • 유용미생물이 뭘까? • 지구환경을 위해 필요한 활동에 대해 알아본다. **학습 내용 제시** • 가정에서, 학교에서, 산업현장 등에서 물의 오염 원인을 알아보기 • EM을 활용한 물 관리 방법을 알고 발효액 만들기	15	화학과 생활 외
	학습 목표 제시 • 가정, 학교에서 물 오염을 줄이기 위한 방법을 찾을 수 있다. • 수질 오염의 심각성을 알고, EM발효액을 만들 수 있다.	15	수질오염 PPT
전개	**EM쌀뜨물 발효액 만들기** • 패트병에 쌀뜨물을 넣고 EM원액을 계량하여 넣는다. • 설탕을 EM원액과 동량으로 넣는다. • 소금을 소량 넣고 뚜껑을 닫아 흔들어 준다. • 약 일주일간 숙성시키는 중 2~3일에 한번 뚜껑을 살짝 비틀어 가스를 빼준 후 뚜껑을 꼭 닫아 둔다.	40	발효액 설명 PPT
정리	**학습 내용 실천 사항** • EM쌀뜨물 발효액을 주방, 욕실 등 다양한 곳에서 용도에 맞게 사용한다. • 친환경적 소비 '에코지능'에 대해 실천 의지를 다진다. • 오늘 배운 EM 쌀뜨물 발효액 만들기와 사용법을 주변에 알려 함께 쓸 수 있도록 한다. **학습에 대한 질의문답 및 학습 내용 정리** • 생활하수로 인한 물의 오염과 물 관리의 중요성을 알고 물을 아껴 쓴다. **차시 예고 및 주변 정리** • 주변을 깨끗이 정리하고 다음 수업을 준비한다.	20	주변 정리

유용미생물 EM 쌀뜨물 발효액

도구 1.8리터 패트병, 깔때기, 계량스푼(숟가락)
재료 EM원액 20ml, 쌀뜨물 1.5리터, 설탕 2스푼, 천일염 1/2티스분

① 깔때기를 활용하여 패트병에 쌀뜨물을 잘 받아둔다.

② 유용미생물 EM원액을 넣는다.

③ 유용미생물의 먹이가 되는 설탕 2스푼을 넣는다(밥수저 기준)

④ 미네랄이 풍부한 천일염을 반티스푼(한 꼬집) 넣어준다.

⑤ 패트병 뚜껑을 닫고 설탕, 소금이 잘 녹도록 흔들어준다.

⑥ 그늘지고 따뜻한 곳에서 7일정도 발효시킨다.

⑦ 2~3일에 한 번씩 뚜껑을 살~짝 비틀어서 가스를 빼준다.

⑧ 여름에는 5일정도, 겨울에는 6~7일정도 되어 시큼시큼한 냄새가 나면
   EM발효액이 완성된 것이다.

① EM원액은 뚜껑을 열 때마다 공기와 접촉해서 유효기간이 짧아지므로
   작은 용기에 나누어 담아 보관한다.

② 가스를 빼지 않고 EM발효액을 장시간 방치하면 패트병이 터질 수도 있으므로 주의한다.

③ 사용방법을 숙지하여 잘 사용하도록 한다.

④ 발효 시 향기가 좋은 과일껍질이나 허브를 넣어 발효시키면 방향제 역할도 가능하다.

⑤ EM발효액도 식초에 버금가는 산성이므로 꼭 물에 10배 이상 희석해서 사용하도록 한다.

천연
화장품

2편

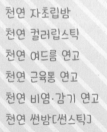

천연화장품 공통 주의사항

❶ 사용전 자신의 피부에 맞는지 팔꿈치 안쪽에 꼭 패치 테스트 후 사용하도록 한다. 피부가 붉어지거나 가려우면 사용을 즉시 중단한다.

❷ 천연방부제를 사용하기는 하나 시원한 그늘에서 1개월 이내 사용을 권장한다. 보관 상태에 따라 빨리 변질될 수도 있다.

❸ 화장품용기에 꼭 네임스티커를 붙인다. 제조 일자와 권장사용기간도 붙인다.

❹ 화장품은 오일(유상) + 물(수상) + 유화제 + 첨가물 + 보존제로 완성된다.

❺ 오일류 가열시 유화제가 완전히 녹아야한다.

❻ 오일류를 유화시킨 후 워터류를 넣어야 유화가 잘된다.

❼ 워터류와 오일류의 온도차이가 10℃이상 차이가 나면 분리될 수 있다.

❽ 유화제 올리브리퀴드 대신 솔루블라이져를 써도 된다.

❾ 보습제인 히아루론산 대신 글리세린을 써도 무방하다.

❿ 정제수 대신 원하는 플로럴워터를 사용하면 더 좋다. 플로랄워터를 사용할 경우 에센셜오일을 생략해도 된다.

⓫ 허브나 한약제 우린 물을 워터로 사용시 천연 방부제 양을 20%정도 더 증가시킨다.

⓬ 기능성 오일은 계절과 자신의 피부타입을 고려해 변경가능하다.

⓭ 레몬등 시트러스계열의 에센셜오일은 햇빛에 반응하므로 낮에 사용하는 제품에는 피하는 것이 좋다.

⓮ pH 5.5 ±0.5 사이가 우리 피부와 유사하나 연령과 체질에 따라 약간의 차이가 있다.

⓯ 미니블렌더로 1분, 실리콘주걱 30초 순서를 반복하며 3~5분정도 충분히 유화시켜줘야 제형이 부드럽고 발림성이 좋다.

⓰ 용기와 도구를 소독용 알콜로 잘 소독하여 사용하도록 한다.

스킨류 공통 TIP

❶ 스킨은 워터류가 90~95%, 보습제 및 첨가물 5~10%, 에센셜오일은 1% 이내로 권장한다.

로션류 공통 TIP

❶ 로션은 워터류가 80~85%, 오일류가 10~15%, 유화제가 3~5%, 보습제 및 첨가물이 5~10%, 에센셜오일은 1% 이내로 권장한다.

크림류 공통 TIP

❶ 크림은 워터류가 60~65%, 오일류 20~25%, 유화제 5~8%, 보습제 및 첨가물 5~10%, 에센셜오일은 1% 이내로 권장한다.

썬제품 공통 TIP

❶ 자외선은 파장에 따라 3가지로 구분한다. UVA는 피부의 색소를 침착시키고 노화를 촉진한다. UVB는 피부에 일광화상을 일으킨다. UVC는 대부분 오존층에서 제거되어 피부에는 영향이 적은 편이다.

❷ 티타늄디옥사이드는 자외선 A,B 차단에 효과가 있다.

❸ 징크옥사이드는 자외선을 차단하고 피부를 보호한다.

❹ 시너메이트는 자외선을 흡수하는 선스크린 물질이다.

❺ 벌꿀추출 비즈왁스 대신 칸데릴라추출 왁스를 사용해도 된다.

❻ 보존제는 비타민 E, 천연비타민 E, 나프리 등 관계없다.

❼ 천연 썬밤은 자외선 차단지수가 SPF 25~30 정도이므로 3시간에 한 번씩 발라주는 것이 좋다.

천연 스킨 만들기 [기본]

단 원	천연 스킨 만들기		학습대상	초등~성인
교육목표	천연 재료를 활용해 스킨을 만들 수 있다.			
교육효과	천연스킨 재료를 통해 화장품 사용의 중요성을 알고 현명한 소비자가 된다.			
학습자료	오염의 원인, 천연 스킨 설명지			

학습 단계	교수학습활동	시간	자 료
발단	**동기 유발** • 피부구성에 대해 알아보기 • 화장품의 구성성분 알아보기 **학습 내용 제시** • 화장품 내용구성에 따른 사용 순서 알아보기 • 천연 화장품과 환경에 미치는 영향 알아보기 • 환경 친화적 삶의 중요성에 대해 알기	15	화학과 생활 외
	학습 목표 제시 • 사람들의 생활이나 활동에 따라 생기는 인위적인 오염 원인을 알고 대처방법 찾아보기 • 천연 스킨을 만들 수 있다.	15	오염 물질과 원인 PPT
전개	**천연 스킨 만들기** • 에센셜오일을 용기에 계량해 준비한다. • 에센셜오일과 올리브리퀴드를 잘 섞는다. • 정제수(또는 플로럴워터)를 계량해 준비하고 천연한방방부제와 글리세린을 넣어준다.	40	천연 재료 설명 PPT

정리	**학습 내용 실천 사항**
	• 녹색성장의 중요성과 친환경적 소비 '에코지능'에 대해 실천 의지를
	  다진다.
	• 오늘 배운 천연 스킨 만들기와 사용법을 주변에 알려 함께 쓸 수
	  있도록 한다.
	
	학습에 대한 질의문답 및 학습 내용 정리
	• 천연스킨 재료의 효능과 활용법을 알고 건강한 생활에 관심을
	  갖는다.
	
	차시 예고 및 주변 정리
	• 주변을 깨끗이 정리하고 다음 수업을 준비한다.
		20	주변
			정리

천연 스킨 [기본]

준비

도구 비이커, 실리콘주걱, 스포이드,
100ml 스킨용기(스프레이 or 펌프), 스티커,
pH용지(리트머스)

재료 정제수(원하는 플로럴워터) 93ml,
글리세린 5g, 올리브리퀴드 2g,
천연방부제 1g, 라벤더 에센셜오일 5방울,
티트리 에센셜오일 1방울, 소독용 알콜

만들기

*만들기 전 소독용 알콜로 도구와 용기를 꼭 소독하여 사용한다.

❶ 라벤더, 티트리 에센셜오일을 비이커에 넣는다.

❷ 올리브리퀴드를 넣고 유화시킨다.

❸ 정제수와 글리세린, 천연방부제를 넣고 잘 저어준다.

❹ pH 테스트 후 pH 5~6정도의 약산성인지 확인해 본다.

❺ 용기에 넣고 스티커를 붙여준다.

TIP

❶ 여드름이 많은 사춘기 청소년용으로 티트리 스킨을 만들 경우 아하추출물 3g을 추가하고
라벤더에센셜오일 1방울, 티트리에센셜오일 5방울로 변경하면 좋다.

❷ 글리세린에 히비스커스를 팅크쳐 하여 붉은색을 표현하였다.

천연 촉촉 보습 스킨 만들기

단 원	천연 촉촉 보습 스킨 만들기		학습대상	초등~성인
교육목표	피부 보습에 효과적인 천연 촉촉 보습 스킨을 만들 수 있다.			
교육효과	피부 보습에 좋은 재료를 알고 환경 친화적 현명한 소비자가 된다.			
학습자료	오염의 원인, 천연 촉촉 보습 스킨 설명지			

학습 단계	교수학습활동	시간	자 료
발단	**동기 유발** • 피부조직에 대해 알아보기 • 내 피부에 맞는 화장품 알아보기 **학습 내용 제시** • 화장품 내용구성에 따른 사용 순서 알아보기 • 천연 화장품과 환경에 미치는 영향 알아보기 • 환경 친화적 삶의 중요성에 대해 알기	15	화학과 생활 외
	학습 목표 제시 • 사람들의 생활이나 활동에 따라 생기는 인위적인 오염 원인을 알고 대처방법 찾아보기 • 천연 촉촉 보습 스킨을 만들 수 있다.	15	오염 물질과 원인 PPT
전개	**천연 촉촉 보습 스킨 만들기** • 에센셜 오일을 용기에 계량해 준비한다. • 에센셜 오일과 올리브 리퀴드를 잘 섞는다. • 정제수(또는 플로럴워터)를 계량해 준비하고 첨가물들을 순서대로 넣는다. • 히아루론산 저분자와 천연한방방부제를 넣어준다. • pH테스트 후 용기에 담고 스티커를 붙여 완성한다.	40	천연 재료 설명 PPT

정리	**학습 내용 실천 사항**
	• 녹색성장의 중요성과 친환경적 소비 '에코지능'의 실천 의지를
	  다진다.
	• 오늘 배운 천연 스킨 만들기와 사용법을 주변에 알려 함께 쓸 수
	  있도록 한다.
	
	학습에 대한 질의문답 및 학습 내용 정리
	• 보습 스킨의 재료별 효능과 활용법을 알고 건강한 생활에 관심을
	  갖는다.
	
	차시 예고 및 주변 정리
	• 주변을 깨끗이 정리하고 다음 수업을 준비한다.
		20	주변
			정리

천연 촉촉보습 스킨

준비

도구 비이커, 실리콘주걱, 스포이드,
100ml 스킨용기(스프레이 or 펌프),
스티커, pH용지(리트머스)

재료 로즈 플로럴워터 90ml, 아르간리포좀 5g,
꿀추출물 3g, 세라마이드 1g,
히아루론산 저분자 2g,
올리브리퀴드 1g, 천연방부제 1g,
로즈 에센셜오일 5방울, 소독용 알콜

만들기

*만들기 전 소독용 알콜로 도구와 용기를 꼭 소독하여 사용한다.

① 로즈 에센셜오일을 비이커에 넣는다.

② 올리브리퀴드를 넣고 유화시킨다.

③ 정제수와 아르간리포좀 5g, 꿀추출물 3g, 세라마이드 1g을 넣는다.

④ 히아루론산, 천연방부제를 넣고 잘 저어준다.

⑤ pH 테스트 후 pH 5~6정도의 약산성인지 확인해 본다.

⑥ 용기에 넣고 스티커를 붙여준다.

TIP

① 모든피부에 사용가능한 로즈 플로럴워터는 수렴작용과 잔주름케어에 효과적이다.

② 피부노화방지, 탄력을 위한 아르간리포좀, 꿀보습 꿀추출물,
피부장벽강화 세라마이드를 첨가한 고보습 레시피

③ 아르간리포좀은 가용화제 없이도 워터에 잘 섞이도록 리포좀화시킨 것이다.

천연 알로에 스킨 만들기

단 원	천연 알로에 스킨 만들기		학습대상	초등~성인
교육목표	주변 식물을 활용한 천연 알로에 스킨을 만들 수 있다.			
교육효과	천연 알로에를 활용한 화장품만들기를 통해 환경 친화적 삶의 중요성을 알고, 현명한 소비자가 된다.			
학습자료	오염의 원인, 천연 알로에 스킨 설명지.			

학습 단계	교수학습활동	시간	자 료
발단	**동기 유발** • 알로에는 어떻게 생겼을까? • 천연 화장품은 왜 좋을까? **학습 내용 제시** • 천연 화장품 재료에 대해 알아본다. • 환경의 변화에 따른 대처방법을 알아본다.	15	화학과 생활 외
	학습 목표 제시 • 사람들의 생활이나 활동에 따라 생기는 인위적인 오염 원인에 대해 생각해 본다. • 천연 알로에 스킨을 만들 수 있다.	15	환경 오염 PPT
전개	**천연 알로에 스킨 만들기** • 껍질을 벗긴 알로에를 적당한 크기로 잘라 용기에 담아 준비한다. • 계량한 정제수와 알로에를 2분 정도 핸드블렌더로 갈아준다. (거품 발생) • 20~30분정도 약한 불로 가열 후 덩어리가 풀리도록 체로 걸러서 식힌다. • 식힌 후 천연방부제를 넣고 알로에워터 등 워터류와 히아루론산, 천연방부제를 넣고 고루 섞는다.	40	천연 알로에 스킨 설명 PPT
정리	**학습 내용 실천 사항** • 녹색성장의 중요성과 친환경적 소비 '에코지능'의 실천 의지를 다진다. • 오늘 배운 천연 알로에 스킨 만들기와 사용법을 주변에 알려 함께 쓸 수 있도록 한다. **학습에 대한 질의문답 및 학습 내용 정리** • 알로에 스킨 재료의 효능과 활용법을 알고 건강한 생활에 관심을 갖는다. **차시 예고 및 주변 정리** • 주변을 깨끗이 정리하고 다음 수업을 준비한다.	20	주변 정리

천연 알로에 스킨

도구 핫플레이트, 저울, 핸드블렌더, 거름망, 비이커, 실리콘주걱,
스포이드, 100ml 스킨용기(플립캡 or 펌프), 스티커, pH용지(리트머스)

재료 정제수 50ml, 알로에생잎 한조각, 알로에워터 30g,
저분자히아루론산 5g, 천연방부제 2g,
티트리 에센셜오일 5방울, 소독용 알콜

*만들기 전 소독용 알콜로 도구와 용기를 꼭 소독하여 사용한다.

❶ 알로에껍질을 벗기고 속살을 적당한 크기로 잘라 비이커에 넣는다.

❷ 정제수를 넣고 핸드블렌더로 갈아 저온으로 80℃가열한다.

❸ 거름망이나 체에 받쳐 식힌 후 알로에워터를 넣는다.

❹ 히아루론산, 에센셜오일, 천연방부제를 넣고 잘 섞어준다.

❺ pH 테스트 후 pH 5~6정도의 약산성인지 확인해 본다.

❻ 용기에 넣고 스티커를 붙여준다.

❶ 스프레이용기에 담으면 분사가 잘되지 않을 수도 있으니 펌프용기에 담기를 권장한다.

❷ 생잎을 활용하므로 살균소독에 더 신경써야한다.

❸ 알로에워터를 생략하고 싶으면 정제수와 알로에 생잎의 양을 늘려서 추출한 젤로만
활용해도 된다.

❹ 알로에는 항산화성분이 풍부해 피부트러블을 도움을 준다.
특히 더위에 지친 피부에 도움이 된다.

천연 로션 만들기 [기본]

단 원	천연 로션 만들기		학습대상	초등~성인
교육목표	자신의 피부에 맞는 식물성 재료로 천연 로션을 만들 수 있다.			
교육효과	식물성 원료를 활용해 기초화장품을 만들어 보고 현명한 소비자가 된다.			
학습자료	오염의 원인, 천연 로션 설명지.			

학습 단계	교수학습활동	시간	자 료
발단	**동기 유발** • 피부 보습에 좋은 생활습관은 어떤 것이 있을까? **학습 내용 제시** • 천연 재료를 활용해 나만의 로션을 만들어 본다.	15	화학과 생활 외
	학습 목표 제시 • 일상생활에서 사용하는 화장품 성분에 대해 알아보기 • 천연 재료로 나만의 로션을 만들 수 있다.	15	오염 물질과 원인 PPT

전개	**천연 로션 만들기**
	• 정제수(또는 플로럴워터)를 계량한 용기와 오일류, 유화제를 계량한
	  용기를 준비한다.
	• 오일류와 유화제를 계량한 용기 두 개를 핫플레이트에 올려
	  60~70℃로 가열한다.
	• 두 용기의 내용물의 온도차가 10℃ 미만일 때 가열을 멈추고
	  오일류에 워터류를 부어 한 방향으로 저어준다.
	• 한 방향으로 저어 유화가 진행되면 점도가 차츰 올라간다.
	• 글리세린, 천연한방방부제와 에센셜오일을 넣어 섞는다.
		40	로션 재료
			설명 PPT

정리	**학습 내용 실천 사항**
	• 녹색성장의 중요성과 친환경적 소비 '에코지능'에 대해 실천 의지를
	  다진다.
	• 오늘 배운 천연 로션 만들기와 사용법을 주변에 알려 함께 쓸 수
	  있도록 한다.
	
	학습에 대한 질의문답 및 학습 내용 정리
	• 주변 화장품의 유해성에 대해 알고 건강한 생활에 관심을 갖는다.
	
	차시 예고 및 주변 정리
	• 주변을 깨끗이 정리하고 다음 수업을 준비한다.
		20	주변
			정리

천연 **로션** [기본]

로션 lotion

준비

도구 핫플레이트, 비이커 2개, 미니 핸드블렌더, 저울,
실리콘주걱, 스포이드, 100ml 로션용기(펌프),
스티커, pH용지(리트머스)

재료 정제수(또는 플로럴워터) 85ml, 호호바오일 7g,
로즈힙오일 5g, 올리브유화왁스 3g, 글리세린 2g,
천연방부제 2g, 로즈제라늄 에센셜오일 5방울,
소독용 알콜

만들기

•만들기 전 소독용 알콜로 도구와 용기를 꼭 소독하여 사용한다.

① 비이커1에 정제수 또는 플로럴워터 85ml를 계량하여 60~70℃가 되도록 가열한다.

② 비이커2에 호호바오일, 로즈힙오일, 올리브유화왁스를 계량하여
60~70℃가 되도록 가열한다.

③ 비이커2(오일류)에 가열한 비이커1(워터류)을 넣어가면서 잘 저어준다.

④ 점차 점증이 되면 온도를 체크하여 55℃ 정도에서 히아루론산, 에센셜오일,
천연방부제를 넣고 잘 저어준다.

⑤ pH 테스트 후 pH 5~6정도의 약산성인지 확인해 본다.

⑥ 용기에 넣고 스티커를 붙여준다.

TIP

① 피부의 구조와 비슷한 구조를 가진 호호바오일은 모든피부에 잘 흡수되고
피부개선에 도움을 준다.

② 올리브오일은 불포화지방산과 풍부한 비타민을 함유하고 있어
피부독소및 노폐물을 제거하여 피부노화를 지연시켜주는 효능이 있다.

③ 로즈힙오일은 안티옥시텐트(Antioxidant)가 풍부하여 피부노화를 예방하고
피부조직 재생에 도움이 된다.

천연 촉촉 보습 로션 만들기

단 원	천연 촉촉 보습 로션 만들기	학습대상	초등~성인
교육목표	계절에 어울리는 재료를 선택해 천연 촉촉 보습 로션을 만들 수 있다.		
교육효과	천연 재료를 활용한 보습 로션 만들기를 통해 환경 친화적 삶의 중요성을 알고, 현명한 소비자가 된다.		
학습자료	오염의 원인, 천연 촉촉 보습 로션 설명지.		

학습 단계	교수학습활동	시간	자료
발단	**동기 유발** • 피부 보습에 좋은 생활습관은 어떤 것이 있을까? **학습 내용 제시** • 환경 친화적 삶의 중요성을 알고 실천 방법 찾기 • 보습에 좋은 재료 찾아보기	15	화학과 생활 외
	학습 목표 제시 • 사람들의 생활이나 활동에 따라 생기는 인위적인 오염과 대처 방법 찾아보기 • 천연 촉촉 보습 로션을 만들 수 있다.	15	오염 물질과 원인 PPT
전개	**천연 촉촉 보습 로션 만들기** • 정제수(또는 플로럴워터)를 계량한 용기와 오일류, 유화제를 계량한 용기를 준비한다. • 오일류와 유화제를 계량한 용기 두 개를 핫플레이트에 올려 60~70℃로 가열한다. • 두 용기의 내용물의 온도차가 10℃ 미만일 때 가열을 멈추고 오일류에 워터류를 부어 한 방향으로 저어준다. • 한 방향으로 저어 유화가 진행되면 점도가 차츰 올라간다. • 히아루론산, 천연한방방부제와 에센셜오일을 넣어 섞는다.	40	로션 재료 설명 PPT
정리	**학습 내용 실천 사항** • 녹색성장의 중요성과 친환경적 소비 '에코지능'에 대해 실천 의지를 다진다. • 오늘 배운 천연 로션 만들기와 사용법을 주변에 알려 함께 쓸 수 있도록 한다. **학습에 대한 질의문답 및 학습 내용 정리** • 보습 로션의 재료별 효능과 활용법을 알고 건강한 생활에 관심을 갖는다. **차시 예고 및 주변 정리** • 주변을 깨끗이 정리하고 다음 수업을 준비한다.	20	주변 정리

천연 촉촉 보습 로션

도구 핫플레이트, 비이커 2개, 미니 핸드블렌더, 저울,
실리콘주걱, 스포이드, 100ml 로션용기(펌프),
스티커, pH용지(리트머스)

재료 로즈플로럴워터 85ml, 아르간오일 7g, 호호바오일 5g,
꿀추출물 3g, 올리브유화왁스 3g, 히아루론산 2g,
천연방부제 1g, 로즈 에센셜오일 3방울, 소독용 알콜

• 만들기 전 소독용 알콜로 도구와 용기를 꼭 소독하여 사용한다.

1. 비이커1(워터류)에 정제수 또는 로즈플로럴워터 85ml를 계량하여 가열한다.

2. 비이커2(오일류)에 아른간오일, 호호바오일, 올리브유화왁스를 계량하여 가열한다.

3. 비이커1과 비이커2를 각각 가열하여 60~70℃가 되도록 한다.

4. 비이커2에 가열한 비이커1을 넣어가면서 잘 저어준다.

5. 점차 점증이 되면 온도를 체크하여 55℃ 정도에서 히아루론산, 에센셜오일,
천연방부제를 넣고 잘 저어준다.

6. pH 테스트 후 pH 5~6정도의 약산성인지 확인해 본다.

7. 용기에 넣고 스티커를 붙여준다.

1. 아르간오일은 아르가니아 열매 씨앗에서 추출한 오일로 뛰어난 보습력이 장점이다.
로션에도 사용하지만 특히 두피가 건조할 때 아르간오일로 마사지하면 효과가 좋다.

2. 꿀추출물은 보습제로 뛰어난 재료이다.

천연 알로에 로션 만들기

단 원	천연 알로에 로션 만들기		학습대상	초등~성인
교육목표	주변에서 쉽게 구할 수 있는 재료로 천연 알로에 로션을 만들 수 있다.			
교육효과	알로에 로션 재료의 효능과 로션 만들기를 할 수 있다.			
학습자료	오염의 원인, 천연 알로에 로션 제조 설명지			

학습 단계	교수학습활동	시간	자료
발단	**동기 유발** • 피부조직에 대해 알아보기 • 내 피부에 맞는 화장품 알아보기 **학습 내용 제시** • 환경 친화적 삶의 중요성을 알고 실천 방법 찾기 • 화장품 내용구성에 따른 사용 순서 알아보기	15	화학과 생활 외
	학습 목표 제시 • 천연 알로에 로션을 만들 수 있다. • 화장품 내용구성에 따른 사용 순서 알아보기	15	오염 물질과 원인 PPT

전개	**천연 알로에 로션 만들기**
	• 껍질을 벗긴 알로에를 적당한 크기로 잘라 용기에 담아 준비한다.
	• 계량한 정제수와 알로에를 2분정도 핸드블렌더로 갈아준다. (거품 발생)
	• 20~30분 정도 약한 불로 가열 후 덩어리가 풀리도록 체에 걸러서
	  식힌다.
	• 알로에워터를 넣고 60~70℃로 온도를 조절한다.
	• 다른 용기에 오일과 유화제를 넣고 핫플레이트에 올려 60~70℃로
	  가열한다.
	• 두 용기의 내용물의 온도차가 10℃ 미만일 때 가열을 멈추고
	  오일류에 워터류를 부어 한 방향으로 저어준다.
	• 유화가 진행되면 점도가 차츰 올라간다.
	• 히아루론산, 천연한방방부제를 넣어 섞는다.
		40	알로에
			로션 재료
			설명 PPT

정리	**학습 내용 실천 사항** • 녹색성장의 중요성과 친환경적 소비 '에코지능'의 실천 의지를 다진다. • 오늘 배운 천연 로션 만들기와 사용법을 주변에 알려 함께 쓸 수 있도록 한다. **학습에 대한 질의문답 및 학습 내용 정리** • 알로에 로션 재료의 효능과 활용법을 알고 건강한 생활에 관심을 갖는다. **차시 예고 및 주변 정리** • 주변을 깨끗이 정리하고 다음 수업을 준비한다.	20	주변 정리

천연 알로에 로션

준비

도구 핫플레이트, 비이커 2개, 미니 핸드블렌더,
저울, 실리콘주걱, 스포이드,
100ml 로션용기(펌프), 스티커,
pH용지(리트머스)

재료 정제수 50ml, 알로에생잎 한 조각,
알로에워터 30g, 호호바오일 7g,
스윗아몬드오일 5g, 올리브유화왁스 3g,
히아루론산 2g, 천연방부제 2g, 비타민E 1g,
소독용 알콜

만들기

*만들기 전 소독용 알콜로 도구와 용기를 꼭 소독하여 사용한다.

❶ 알로에껍질을 벗기고 속살을 적당한 크기로 잘라 비이커1(워터류)에 넣는다.

❷ 정제수를 넣고 핸드블렌더로 갈아 저온으로 80℃ 가열한다.

❸ 거름망이나 체에 걸러서 식힌 후 알로에워터를 넣는다.

❹ 비어커2(오일류)에 호호바오일, 스윗아몬드오일, 올리브유화왁스를 넣고 가열한다.

❺ 비이커1(워터류)와 비이커2(오일류)를 각각 가열하여 60~70℃가 되도록 한다.

❻ 비이커2(오일류)에 가열한 비이커1(워터류을 넣어가면서 잘 저어준다.

❼ 점차 점증이 되면 온도를 체크하여 55℃ 정도에서 히아루론산, 비타민E,
천연방부제를 넣고 잘 저어준다.

❽ pH 테스트 후 pH 5~6정도의 약산성인지 확인해 본다.

❾ 용기에 넣고 스티커를 붙여준다.

TIP

❶ 알로에는 여름철 자외선에 지친 피부재생에 효과적이다.

❷ 스윗아몬드오일은 뛰어난 보습효과로 트러블, 염증, 가려움 등에 도움을 준다.

천연 아토프리 바디 로션 만들기

단 원	천연 아토프리 바디 로션 만들기	학습대상	초등~성인
교육목표	천연 아토프리 바디 로션을 만들 수 있다.		
교육효과	아토프리 바디 로션 재료의 효능을 알고 바디 로션을 만들 수 있다.		
학습자료	오염의 원인, 천연 아토프리 바디 로션 설명지		

학습 단계	교수학습활동	시간	자 료
발단	**동기 유발** • 달맞이꽃 사진 및 효능 찾아보기 • 아토피의 원인과 천연 바디 로션의 장점 알아보기 **학습 내용 제시** • 환경오염의 원인을 알아보고 해결 방법 생각하기 • 천연 아토프리 바디 로션 만들기	15	화학과 생활 외
	학습 목표 제시 • 사람들의 생활이나 활동에 따라 생기는 인위적인 오염 원인에 대해 생각해 본다. • 아토프리 바디 로션 만드는 방법을 알아본다.	15	오염 물질과 원인 PPT
전개	**천연 아토프리 바디 로션 만들기** • 워터류를 담은 용기와 오일류, 유화제를 계량하여 담을 용기를 준비한다. • 두 용기를 핫플레이트에서 60~70℃ 정도로 가열한다. • 용기의 온도가 60~70℃ 정도가 되면 오일류에 워터류를 부어 잘 섞는다. • 첨가물을 넣고 잘 섞은 후 에센셜오일을 넣고 잘섞는다.	40	천연 아토프리 바디 로션 재료 설명 PPT
정리	**학습 내용 실천 사항** • 녹색성장의 중요성과 친환경적 소비 '에코지능'에 대해 실천 의지를 다진다. • 오늘 배운 천연 아토프리 바디로션 만들기와 사용법을 주변에 알려 함께 쓸 수 있도록 한다. **학습에 대한 질의문답 및 학습 내용 정리** • 아토프리 바디 로션의 재료와 활용방법을 알고 건강한 생활에 관심을 갖는다. **차시 예고 및 주변 정리** • 주변을 깨끗이 정리하고 다음 수업을 준비한다.	20	주변 정리

천연 아토프리 바디로션

준비

도구 핫플레이트, 비이커 2개, 미니 핸드블렌더,
 저울, 실리콘주걱, 스포이드,
 100ml 로션용기(펌프), 스티커,
 pH용지(리트머스)
재료 카모마일 워터 85ml, 달맞이꽃종자오일 7g,
 호호바오일 5g, 카렌듈라오일 3g,
 올리브유화왁스 3g, 히아루론산 3g, 수용성세라마이드 2g,
 천연방부제 1g, 카모마일저먼+라벤더 에센셜오일 5방울,
 소독용 알콜

만들기

*만들기 전 소독용 알콜로 도구와 용기를 꼭 소독하여 사용한다.

❶ 비이커1(워터류)에 정제수 또는 카모마일워터 85ml를 계량하여 가열한다.

❷ 비이커2(오일류)에 달맞이꽃종자오일, 호호바오일, 카렌듈라오일,
 올리브유화왁스를 계량하여 가열한다.

❸ 비이커1과 비이커2를 각각 가열하여 60~70℃가 되도록 한다.

❹ 비이커2에 가열한 비이커1를 넣어가면서 잘 저어준다.

❺ 점차 점증이 되면 온도를 체크하여 55℃ 정도에서 히아루론산,
 수용성세라마이드, 에센셜오일, 천연방부제를 넣고 잘 저어준다.

❻ pH 테스트 후 pH 5~6정도의 약산성인지 확인해 본다.

❼ 용기에 넣고 스티커를 붙여준다.

TIP

❶ 카모마일워터가 없을 경우 멸균수(끓인물)를 사용하되 카모마일저먼 에센셜오일을
 3방울정도 더 넣는다.

❷ 카모마일은 살균 및 소독효과가 있어 피부를 진정시키고 보습에도 뛰어나다.

❸ 달맞이꽃종자오일은 피부염을 치료하는 효과가 있어 예전부터 생잎을 찧어 피부질환
 치료제로 사용되기도 했다. 건선, 아토피, 습진에 효과가 있다고 알려져 있다.

❹ 카렌듈라오일은 아토피피부에 효능이 있다고 알려진 국화과 식물로
 민감성, 건성, 아토피에 효과적이다. 비누에도 많이 쓰인다.

천연 영양크림 만들기[기본]

단 원	천연 영양크림 만들기		학습대상	초등~성인
교육목표	환경의 중요성을 알고 천연 영양크림을 만들 수 있다.			
교육효과	자신에게 맞는 식물성 오일을 활용해 영양크림을 만들 수 있다.			
학습자료	오염의 원인, 천연 영양크림 설명지			

학습 단계	교수학습활동	시간	자 료
발단	**동기 유발** • 천연화장품을 사용하면 왜 좋을까? **학습 내용 제시** • 녹색성장의 중요성과 친환경적 소비 '에코지능'에 대해 실천 방법 알아보기 • 화장품 내용구성에 따른 사용 순서 알아보기	15	화학과 생활 외
	학습 목표 제시 • 사람들의 생활이나 활동에 따라 생기는 인위적인 오염 원인에 대해 생각해 본다. • 천연 영양크림을 만들 수 있다.	15	오염 물질과 원인 PPT
전개	**천연 영양 크림 만들기** • 비이커에 워터를 담고, 다른 비이커에 오일류와 유화제를 계량하여 담는다. • 워터와 오일, 유화제가 담긴 비이커를 핫플레이트에서 60~70℃로 가열한다. • 적정 온도가 되면 가열을 멈추고, 오일류에 워터류를 부어 잘 섞는다. • 섞은 내용물에 첨가물을 넣은 후 잘 섞는다. • 에센셜오일을 첨가하고 잘 저은 후 완성하여 용기에 담는다	40	천연 영양크림 재료 설명 PPT
정리	**학습 내용 실천 사항** • 오늘 배운 천연 영양크림 만들기와 사용법을 주변에 알려 함께 쓸 수 있도록 한다. **학습에 대한 질의문답 및 학습 내용 정리** • 영양크림 만드는 과정을 정리해 보고 건강한 생활에 관심을 갖는다. **차시 예고 및 주변 정리** • 주변을 깨끗이 정리하고 다음 수업을 준비한다.	20	주변 정리

천연 **영양크림** [기본]

준비

도구 핫플레이트, 비이커 2개, 미니 핸드블렌더,
저울, 실리콘주걱, 스포이드,
50ml 크림용기(단지) 2개, 스티커,
pH용지(리트머스)

재료 로즈플로럴워터 60ml, 호호바오일 15g,
엑스트라버진 올리브오일 7g,
올리브유화왁스 5g, 세틸알콜 1g,
세라마이드 2g, 히아루론산 3g,
천연방부제 1g, 로즈에센셜오일 5방울,
소독용 알콜

만들기

*만들기 전 소독용 알콜로 도구와 용기를 꼭 소독하여 사용한다.

1 비이커1(워터류)에 로즈플로럴워터를 계량하여 가열한다.

2 비이커2(오일류)에 호호바오일, 엑스트라버진 올리브오일, 올리브유화왁스,
세틸알콜을 계량하여 가열한다.

3 비이커1과 비이커2를 각각 가열하여 60~70℃가 되도록 한다.

4 비이커2에 가열한 비이커1을 넣어가면서 잘 저어준다.

5 점차 점증이 되면 온도를 체크하여 55℃ 정도에서 세라마이드, 히아루론산,
에센셜오일, 천연방부제를 넣고 잘 저어준다.

6 pH 테스트 후 pH 5~6정도의 약산성인지 확인해 본다.

7 용기에 넣고 스티커를 붙여준다.

TIP

1 세포재생에 도움이 되는 로즈워터 피부흡수성이 좋고
피지조절 및 노폐물을 녹여주는 호호바오일, 불포화지방산과 비타민이 풍부한
올리브오일로 간단하면서 누구나 사용가능한 로션을 만들 수 있다.

천연 알로에 수분크림 만들기

단 원	천연 알로에 수분크림 만들기	학습대상	초등~성인
교육목표	알로에베라겔을 활용해 천연 알로에 수분크림을 만들 수 있다.		
교육효과	피부친화성이 좋은 호호바오일과 알로에베라겔을 활용해 간단한 영양크림을 만들어 사용할 수 있다.		
학습자료	오염의 원인, 천연 알로에 수분크림 설명지		

학습 단계	교수학습활동	시간	자 료
발단	**동기 유발** • 천연화장품을 사용하면 왜 좋을까? **학습 내용 제시** • 녹색성장의 중요성과 친환경적 소비 '에코지능'에 대해 실천 방법 알아보기 • 화장품 내용구성에 따른 사용 순서 알아보기	15	화학과 생활 외
	학습 목표 제시 • 사람들의 생활이나 활동에 따라 생기는 인위적인 오염 원인에 대해 생각해 본다. • 천연 알로에 수분크림을 만들 수 있다.	15	오염 물질과 원인 PPT
전개	**천연 알로에 수분크림 만들기** • 비이커에 호호바오일을 계량한다. • 알로에베라겔을 넣고 보습첨가제, 천연방부제를 넣고 잘 섞는다. • 에센셜오일을 첨가하고 잘 저은 후 완성하여 용기에 담는다	40	천연 크림 재료 설명 PPT
정리	**학습 내용 실천 사항** • 오늘 배운 천연 알로에 수분크림 만들기와 사용법을 주변에 알려 함께 쓸 수 있도록 한다. **학습에 대한 질의문답 및 학습 내용 정리** • 알로에 수분크림의 장점과 사용법을 알고 건강한 생활에 관심을 갖는다. **차시 예고 및 주변 정리** • 주변을 깨끗이 정리하고 다음 수업을 준비한다.	20	주변 정리

천연 알로에 수분크림 [초간단]

준비

도구 비이커, 저울, 실리콘주걱, 스포이드, 50ml 크림용기(단지) 2개, 스티커, pH용지(리트머스)

재료 알로에베라겔 85ml, 호호바오일 10g, 히아루론산 5g, 천연방부제 1g, 로즈에센셜오일 5방울, 소독용 알콜

만들기

•만들기 전 소독용 알콜로 도구와 용기를 꼭 소독하여 사용한다.

1. 비이커에 알로에베라겔, 호호바오일, 히아루론산을 넣고 잘 섞어준다.

2. 위의 재료가 잘 섞이면 에센셜오일과 천연방부제를 넣는다.

3. pH 테스트 후 pH 5~6정도의 약산성인지 확인해 본다.

4. 용기에 넣고 스티커를 붙여준다.

TIP

1. 핫플레이트 없이 바로 만들어 쓸 수 있는 수분크림

2. 피부재생에 효과적인 알로에베라겔과 피지조절에 효과적인 호호바오일로 만든 초간단 수분크림은 특히 여름에 효과적이지만 사계절 사용가능한 레시피이다.

고보습 동백마유크림 만들기

단 원	고보습 동백마유크림 만들기	학습대상	초등~성인
교육목표	고기능성 영양크림의 종류를 알아보고 고보습 동백마유크림을 만들 수 있다.		
교육효과	고가의 영양크림을 천연재료를 활용해 직접 만들 수 있다.		
학습자료	오염의 원인, 고보습 동백마유크림 설명지		

학습 단계	교수학습활동	시간	자 료
발단	**동기 유발** • 천연화장품을 사용하면 왜 좋을까? **학습 내용 제시** • 녹색성장의 중요성과 친환경적 소비 '에코지능'에 대해 실천 방법 알아보기 • 화장품 내용구성에 따른 사용 순서 알아보기 • 영양크림 만드는 방법 알아보기	15	화학과 생활 외
발단	**학습 목표 제시** • 사람들의 생활이나 활동에 따라 생기는 인위적인 오염 원인에 대해 생각해 본다. • 고보습 동백마유크림을 만들 수 있다.	15	오염 물질과 원인 PPT
전개	**천연 동백마유크림 만들기** • 비이커에 워터를 담고, 다른 비이커에 오일류와 유화제를 계량하여 담는다. • 워터와 오일, 유화제가 담긴 비이커를 핫플레이트에서 60~70℃로 가열한다. • 적정 온도가 되면 가열을 멈추고, 오일류에 워터류를 부어 잘 섞는다. • 섞은 내용물에 첨가물을 넣은 후 잘 섞는다. • 에센셜오일을 첨가하고 잘 저은 후 완성하여 용기에 담는다.	40	고보습 동백마유 크림 재료 설명 PPT
정리	**학습 내용 실천 사항** • 오늘 배운 고보습 동백마유크림 만들기와 사용법을 주변에 알려 함께 쓸 수 있도록 한다. **학습에 대한 질의문답 및 학습 내용 정리** • 동백마유크림의 사용법을 잘 알아보고 건강한 생활에 관심을 갖는다. **차시 예고 및 주변 정리** • 주변을 깨끗이 정리하고 다음 수업을 준비한다.	20	주변 정리

고보습 동백마유크림

도구 핫플레이트, 비이커 2개, 미니 핸드블렌더, 저울,
실리콘주걱, 스포이드, 50ml 크림용기(단지) 2개,
스티커, pH용지(리트머스)

재료 로즈플로럴워터 40ml, 동백오일 10g, 마유 5g,
올리브유화왁스 4g, 세틸알콜 5g, 서시옥용산 10g,
히아루론산 4g, 알로에베라겔 20g, 천연방부제 1g,
로즈에센셜오일 5방울, 소독용 알콜

* 만들기 전 소독용 알콜로 도구와 용기를 꼭 소독하여 사용한다.

1 비이커1(워터류)에 로즈플로럴워터를 계량하여 가열한다.

2 비이커2(오일류)에 동백오일류, 마유, 올리브유화왁스, 세틸알콜을
계량하여 가열한다.

3 비이커1과 비이커2를 각각 가열하여 60~70℃가 되도록 한다.

4 비이커2에 가열한 비이커1을 넣어가면서 잘 저어준다.

5 점차 점증이 되면 온도를 체크하여 55℃ 정도에서 서시옥용산, 히아루론산,
알로에베라겔, 에센셜오일, 천연방부제를 넣고 잘 저어준다.

6 pH 테스트 후 pH 5~6정도의 약산성인지 확인해 본다.

7 용기에 넣고 스티커를 붙여준다.

1 동백, 마유오일 대신 자신의 피부 타입이나 계절에 맞는 오일을 선택하도 좋다.
로즈플로럴워터 대신 자스민워터를 써도 좋다.

2 동백오일은 피부톤을 밝게해주고 노화를 억제해주는 효능이 있다.

3 마유는 말의 지방조직에서 추출한 성분으로 혈액순환 및 아토피피부염에 효과가 있다고
알려져있다. 건조한 피부에 좋다.

천연 핸드크림 만들기

단 원	천연 핸드크림 만들기		학습대상	초등~성인
교육목표	천연재료로 자신에게 맞는 핸드크림을 만들 수 있다.			
교육효과	천연 핸드크림 만들기를 통해 환경 친화적 삶의 중요성을 알고, 현명한 소비자가 된다.			
학습자료	오염의 원인, 천연 핸드크림 설명지.			

학습 단계	교수학습활동	시간	자 료
발단	**동기 유발** • 천연화장품을 사용하면 왜 좋을까? **학습 내용 제시** • 녹색성장의 중요성과 친환경적 소비 '에코지능'에 대해 실천 방법 알아보기 • 화장품 내용구성에 따른 사용 순서 알아보기	15	화학과 생활 외
	학습 목표 제시 • 사람들의 생활이나 활동에 따라 생기는 인위적인 오염 원인에 대해 생각해 본다. • 천연 핸드크림을 만들 수 있다.	15	오염 물질과 원인 PPT
전개	**천연 핸드크림 만들기** • 비이커에 워터를 담고, 다른 비이커에 오일류와 유화제를 계량하여 담는다. • 워터와 오일, 유화제가 담긴 비이커를 핫플레이트에서 60~70℃로 가열한다. • 적정 온도가 되면 가열을 멈추고, 오일류에 워터류를 부어 잘 섞는다. • 섞은 내용물에 첨가물을 넣은 후 잘 섞는다. • 에센셜오일을 첨가하고 잘 저은 후 완성하여 용기에 담는다.	40	천연 핸드크림 재료 설명 PPT
정리	**학습 내용 실천 사항** • 오늘 배운 천연 핸드크림 만들기와 사용법을 주변에 알려 함께 쓸 수 있도록 한다. **학습에 대한 질의문답 및 학습 내용 정리** • 핸드크림 만드는 방법을 숙지하고 건강한 생활에 관심을 갖는다. **차시 예고 및 주변 정리** • 주변을 깨끗이 정리하고 다음 수업을 준비한다.	20	주변 정리

천연 핸드크림

도구 핫플레이트, 비이커 2개, 미니 핸드블렌더, 저울, 실리콘주걱,
스포이드, 10ml 용기 10개, 스티커, pH용지(리트머스)

재료 라벤더플로럴워터 55ml, 호호바오일 7g, 스윗아몬드오일 10g,
올리브유화왁스 3g, 세틸알콜 2g, 알로에베라겔 20g,
히아루론산 3g, 세라마이드 2g, 천연방부제 1g,
오렌지스윗 에센셜오일 5방울, 소독용 알콜

＊만들기 전 소독용 알콜로 도구와 용기를 꼭 소독하여 사용한다.

1. 비이커1(워터류)에 라벤더플로럴워터를 계량하여 가열한다.

2. 비이커2(오일류)에 호호바오일. 스윗아몬드오일, 올리브유화왁스,
세틸알콜을 계량하여 가열한다.

3. 비이커1과 비이커2를 각각 가열하여 60~70℃가 되도록 한다.

4. 비이커2(오일류)에 가열한 비이커1(워터류)을 넣어가면서 잘 저어준다.

5. 점차 점증이 되면 온도를 체크하여 55℃ 정도에서 알로에베라겔,
세라마이드, 히아루론산, 에센셜오일, 천연방부제를 넣고 잘 저어준다.

6. pH 테스트 후 pH 5~6정도의 약산성인지 확인해 본다.

7. 용기에 넣고 스티커를 붙여준다.

1. 호호바, 아몬드오일 대신 코코넛오일을 써도 효과가 좋다.

2. 피부습진을 막아주는 고보습 핸드크림

천연 재생크림 만들기

단 원	천연 재생크림 만들기		학습대상	초등~성인
교육목표	피부재생에 도움이 되는 재료를 활용해 천연 재생크림을 만들 수 있다.			
교육효과	고가의 재생크림을 천연재료를 활용해 만들 수 있다.			
학습자료	오염의 원인, 천연 재생크림 설명지.			

학습 단계	교수학습활동	시간	자 료
발단	**동기 유발** • 천연화장품을 사용하면 왜 좋을까? **학습 내용 제시** • 녹색성장의 중요성과 친환경적 소비 '에코지능'에 대해 실천 방법 알아보기	15	화학과 생활 외
	학습 목표 제시 • 사람들의 생활이나 활동에 따라 생기는 인위적인 오염 원인에 대해 생각해 본다. • 피부 재생에 도움이 되는 천연 재생 크림을 만들 수 있다.	15	오염 물질과 원인 PPT
전개	**천연 재생 크림 만들기** • 비이커에 워터를 담고, 다른 비이커에 오일류와 유화제를 계량하여 담는다. • 워터와 오일, 유화제가 담긴 비이커를 핫플레이트에서 60~70℃로 가열한다. • 적정 온도가 되면 가열을 멈추고, 오일류에 워터류를 부어 잘 섞는다. • 섞은 내용물에 첨가물을 넣은 후 잘 섞는다. • 에센셜오일을 첨가하고 잘 저은 후 완성하여 용기에 담는다	40	천연 재생크림 재료 설명 PPT
정리	**학습 내용 실천 사항** • 오늘 배운 천연 재생 크림 만들기와 사용법을 주변에 알려 함께 쓸 수 있도록 한다. **학습에 대한 질의문답 및 학습 내용 정리** • 피부 재생에 도움이 되는 재료에 대해 정리해보고 건강한 생활에 관심을 갖는다. **차시 예고 및 주변 정리** • 주변을 깨끗이 정리하고 다음 수업을 준비한다.	20	주변 정리

천연 재생크림

준비

도구 핫플레이트, 비이커 2개, 미니 핸드블렌더, 저울, 실리콘주걱, 스포이드, 50ml 크림용기 2개, 스티커, pH용지(리트머스)

재료 로즈플로럴워터 65ml, 동백오일 5g, 스윗아몬드오일 5g, 아르간오일 10g, 로즈힙오일 5g, 올리브유화왁스 5g, 세틸알콜 1g,히아루론산 3g, 세라마이드 3g, 마린콜라겐 2g, 녹차추출물 2g, 천연방부제 1g, 로즈제라늄 에센셜오일 5방울, 소독용 알콜

만들기

＊만들기 전 소독용 알콜로 도구와 용기를 꼭 소독하여 사용한다.

1. 비이커1(워터류)에 로즈플로럴워터를 계량하여 가열한다.

2. 비이커2(오일류)에 동백오일, 스윗아몬드오일, 아르간오일, 로즈힙오일, 올리브유화왁스, 세틸알콜을 계량하여 가열한다.

3. 비이커1과 비이커2를 각각 가열하여 60~70℃가 되도록 한다.

4. 비이커2에 가열한 비이커1을 넣어가면서 잘 저어준다.

5. 점차 점증이 되면 온도를 체크하여 55℃ 정도에서 히아루론산, 세라마이드, 마린콜라겐, 녹차추출물, 에센셜오일, 천연방부제를 넣고 잘 저어준다.

6. pH 테스트 후 pH 5~6정도의 약산성인지 확인해 본다.

7. 용기에 넣고 스티커를 붙여준다.

TIP

1. 피부세포 재생에 도움이되는 로즈워터와 피부속 건조함까지 잡아주는 로즈힙오일, 동백, 스윗아몬드오일, 아르간 오일이 만나 피부속부터 재생을 도와주는 천연재생크림

천연 썬비비 크림 만들기

단 원	천연 썬비비 크림 만들기	학습대상	초등~성인
교육목표	자외선차단 재료와 식물성 오일을 활용해 천연 썬비비 크림을 만들 수 있다.		
교육효과	자외선의 종류와 대처방법을 알고 천연 썬비비 크림을 만들 수 있다.		
학습자료	오염의 원인, 천연 썬비비 크림 설명지		

학습 단계	교수학습활동	시간	자료
발단	**동기 유발** • 자외선 차단이 중요한 이유가 뭘까? **학습 내용 제시** • 자외선의 종류에 대해 알아보고 차단방법을 알아본다.	15	화학과 생활 외
	학습 목표 제시 • 사람들의 생활이나 활동에 따라 생기는 인위적인 오염원인과 자외선이 강해지는 원인에 대해 생각해 본다. • 자외선의 종류와 피부에 미치는 영향을 안다. • 천연 썬비비 크림을 만들 수 있다.	15	오염 물질과 원인 PPT

전개	**천연 썬비비 크림 만들기**
	• 비이커에 워터류를 담고, 다른 비이커에 오일류와 유화제를
	  계량하여 담는다.
	• 워터류와 오일, 유화제가 담긴 비이커를 핫플레이트에서
	  60~70℃로 가열한다.
	• 적정 온도가 되면 가열을 멈추고, 오일류에 워터류를 부어 잘
	  섞는다.
	• 섞은 내용물에 첨가물을 넣은 후 잘 섞는다.
	• 에센셜오일을 첨가하고 잘 저은 후 완성하여 용기에 담는다
		40	천연
			썬비비
			크림 재료
			설명 PPT

정리	**학습 내용 실천 사항**
	• 오늘 배운 천연 썬비비 크림 만들기와 사용법을 주변에 알려 함께
	  쓸 수 있도록 한다.
	학습에 대한 질의문답 및 학습 내용 정리
	• 자외선의 차단이유를 상기하고 건강한 생활에 대한 내용을
	  상기한다.
	차시 예고 및 주변 정리
	• 주변을 깨끗이 정리하고 다음 수업을 준비한다.
		20	주변
			정리

천연 **썬비비 크림**

도구 핫플레이트, 비이커 2개, 미니 핸드블렌더, 계량용 비이커, 저울,
　　 실리콘주걱, 스포이드, 50ml 에센스용기 2개, 스티커
재료 라벤더워터 55ml, 알란토인 1g, 검은깨오일 8g,
　　 네추럴에스터오일 7g, 시너메이트 3g, 올리브유화왁스 2g,
　　 티타늄디옥사이드 5g, 산화아연(징크옥사이드) 7g,
　　 히아루론산 2g, 싸이클로메치콘 2g, 천연방부제 1g, 소독용 알콜

＊만들기 전 소독용 알콜로 도구와 용기를 꼭 소독하여 사용한다.

❶ 비이커1(워터류)에 라벤더워터와 알란토인을 계량하여 가열한다.

❷ 비이커2(오일류)에 검은깨오일, 네추럴에스터오일, 시너메이트,
　 올리브유화왁스를 계량하여 핫플레이트에 가열한다.

❸ 비이커1(워터류)와 비이커2(오일류)를 각각 가열하여 60~70℃가
　 되도록 한다.

❹ 비이커2(오일류)에 가열한 비이커1(워터류)을 넣어가면서 잘 저어준다.

❺ 점차 걸죽하게 점증이 되기 시작하면 온도를 체크하여 55℃ 정도에서
　 티타늄디옥사이드, 산화아연(징크옥사이드), 히아루론산, 싸이클로메치콘,
　 천연방부제를 넣고 잘 저어준다.

❻ 용기에 넣고 스티커를 붙여준다.

❶ 더위에 지친 피부를 진정시켜주는 라벤더워터와 자외선차단 및 민감 피부에도 좋은
　 검은깨오일을 활용한 컬러크림

2GF(EGF,FGF) 보톡세럼 만들기

단 원	2GF(EGF,FGF) 보톡세럼 만들기	학습대상	초등~성인
교육목표	기능성 재료를 활용해 천연 2GF(EGF, FGF) 보톡세럼을 만들 수 있다.		
교육효과	고가의 기능성 재료의 쓰임을 알고 고기능성 보톡세럼을 만들 수 있다.		
학습자료	오염의 원인, 천연 2GF(EGF, FGF) 보톡세럼 설명지		

학습 단계	교수학습활동	시간	자료
발단	**동기 유발** • 천연화장품을 사용하면 왜 좋을까? **학습 내용 제시** • 녹색성장의 중요성과 친환경적 소비 '에코지능'에 대해 실천 방법 알아보기	15	화학과 생활 외
	학습 목표 제시 • 사람들의 생활이나 활동에 따라 생기는 인위적인 오염 원인에 대해 생각해 본다. • 기능성 재료를 활용해 2GF(EGF, FGF) 보톡세럼을 만들 수 있다.	15	오염 물질과 원인 PPT
전개	**2GF(EGF,FGF) 보톡세럼 만들기** • 로즈플로럴워터에 알로에베라겔을 계량하여 넣는다. • 미니블렌더를 이용해 거품이 생기지 않도록 잘 섞어준다. • EGF, FGF와 히아루론산, 아데노신, 비타민E를 넣고 잘 섞어준다. • 용기에 담고 스티커를 붙인다.	40	2GF (EGF, FGF) 보톡세럼 재료 설명 PPT
정리	**학습 내용 실천 사항** • 오늘 배운 2GF(EGF,FGF) 보톡세럼 만들기와 사용법을 주변에 알려 함께 쓸 수 있도록 한다. **학습에 대한 질의문답 및 학습 내용 정리** • 오염원과 건강한 생활에 대한 내용을 상기한다. • 세럼의 사용 방법을 정리해 본다. **차시 예고 및 주변 정리** • 주변을 깨끗이 정리하고 다음 수업을 준비한다.	20	주변 정리

2GF(EGF,FGF) 보톡세럼

준비

도구 비이커, 미니 핸드블렌더, 저울, 실리콘주걱,
　　　스포이드, 50ml 스포이드유리병, 스티커
재료 로즈플로럴워터 30g, 알로에베라겔 15g,
　　　EGF 3g, FGF 2g, 히아루론산 2g,
　　　아데노신 0.5g, 비타민E 0.5g, 소독용 알콜

만들기

• 만들기 전 소독용 알콜로 도구와 용기를 꼭 소독하여 사용한다.

① 비이커에 로즈플로럴워터를 계량한다.

② ①에 알로에베라겔을 계량하여 넣고 미니블렌더로 잘 섞어준다.

③ EGF, FGF, 히아루론산, 아데노신, 비타민E를 넣는다.

④ 재료들이 미니블렌더로 잘 섞어준다.

⑤ 용기에 넣고 스티커를 붙여준다.

TIP

① 바르는 보톡스로 알려진 EGF 세포성장 촉진에 효과가 있다.

② FGF는 피부의 90%를 차지하는 진피층의 세포증식을 촉진하는 물질로 알려져있다.

③ 세럼이 묽으면 알로에베라겔을 더 첨가한다.

천연 화이트닝 에센스 만들기

단 원	천연 화이트닝에센스 만들기		학습대상	초등~성인
교육목표	화이트닝의 기능성 재료를 알아보고 천연 화이트닝 에센스를 만들 수 있다.			
교육효과	화이트닝 재료를 활용해 화이트닝 에센스를 만들 수 있다.			
학습자료	오염의 원인, 천연 화이트닝 에센스 설명지			

학습 단계	교수학습활동	시간	자 료
발단	**동기 유발** • 천연화장품을 사용하면 왜 좋을까? • 사람들은 왜 하얀 피부가 되고 싶을까? **학습 내용 제시** • 녹색성장의 중요성과 친환경적 소비 '에코지능'에 대해 실천 방법 알아보기	15	화학과 생활 외
	학습 목표 제시 • 사람들의 생활이나 활동에 따라 생기는 인위적인 오염 원인에 대해 생각해 본다. • 화이트닝에 도움이 되는 기능성 재료로 천연 화이트닝 에센스를 만들 수 있다.	15	오염 물질과 원인 PPT
전개	**천연 화이트닝 에센스 만들기** • 로즈플로럴워터에 나이아신아마이드를 계량하여 넣는다. • 알부틴, 화이텐스, 세라마이드, 히아루론산, 옥용산추출물을 넣는다. • 비타민E 를 넣고 잘 섞어준다. • 용기에 담고 스티커를 붙인다.	40	천연 화이트닝 에센스 재료 설명 PPT
정리	**학습 내용 실천 사항** • 오늘 배운 천연 재생 화이트닝 에센스 만들기와 사용법을 주변에 알려 함께 쓸 수 있도록 한다. **학습에 대한 질의문답 및 학습 내용 정리** • 오염원과 건강한 생활에 대한 내용을 상기한다. • 화이트닝에 도움이 되는 기능성 재료를 정리해 본다. **차시 예고 및 주변 정리** • 주변을 깨끗이 정리하고 다음 수업을 준비한다.	20	주변 정리

천연 **화이트닝 에센스**

준비

도구 비이커, 미니 핸드블렌더, 저울,
실리콘주걱, 스포이드,
50ml 에센스용기, 스티커

재료 로즈플로럴워터 30g, 나이아신아마이드 5g,
알부틴 2g, 화이텐스 3g, 세라마이드 1g,
히아루론산 5g, 옥용산추출물 5g, 비타민E 1g,
소독용 알콜

만들기

＊만들기 전 소독용 알콜로 도구와 용기를 꼭 소독하여 사용한다.

❶ 비이커에 로즈플로럴워터를 계량한다.

❷ ❶에 나이아신아마이드를 계량하여 넣고 잘 녹여준다.

❸ 식약청 고시 미백 식물성원료 알부틴을 계량하여 저어준다.

❹ 첨가물 화이텐스, 세라마이드, 히아루론산, 옥용산추출물, 비타민E를 넣고
미니블렌더로 잘 저어준다.

❺ 용기에 넣고 스티커를 붙여준다.

TIP

❶ 나이아신아마이드는 멜라닌색소의 이동을 감소시켜 피부를 깨끗하게 유지 시키는
효과가 있는 재료이다.

❷ 옥용산추출물은 중국에서부터 미백에 사용된 한방추출물이다.

❸ 화이텐스는 한방재료로 미백을 위한 재료이다.

천연 헤어에센스 만들기

단 원	천연 헤어에센스 만들기	학습대상	초등~성인
교육목표	천연재료를 활용해 헤어에센스를 만들 수 있다.		
교육효과	헤어컨디셔닝에 도움이 되는 재료를 선택해 헤어에센스를 만들 수 있다.		
학습자료	오염의 원인, 천연 헤어에센스 만들기 설명지		

학습 단계	교수학습활동	시간	자 료
발단	**동기 유발** • 모발의 구성성분을 알아보자 • 모발에 좋은 오일을 알아보자 **학습 내용 제시** • 사람들의 생활이나 활동에 따라 생기는 인위적인 오염 원인에 대해 알아본다. • 탈모예방에 좋은 음식 찾아보기	15	화학과 생활 외
	학습 목표 제시 • 학교, 가정에서 오염물질에 대한 대처 방법 찾아보기 • 천연 헤어에센스를 만들 수 있다.	15	오염 물질과 원인 PPT
전개	**천연 헤어에센스 만들기** • 오일류를 계량하여 넣고 에센셜오일을 넣어 잘 섞어준다. • 첨가물을 넣고 재료들이 골고루 섞이도록 저어준다. • 천연방부제와 에센셜오일을 넣고 흔들어 섞는다. • 펌프용기에 담고 스티커를 붙여준다.	40	헤어 에센스 재료 설명 PPT
정리	**학습 내용 실천 사항** • 녹색성장의 중요성과 친환경적 소비 '에코지능'에 대해 실천 의지를 다진다. • 오늘 배운 천연 헤어에센스 만들기와 사용법을 주변에 알려 함께 쓸 수 있도록 한다. **학습에 대한 질의문답 및 학습 내용 정리** • 오염원과 건강한 생활에 대한 내용을 상기한다. • 헤어컨디셔닝에 도움이 되는 재료를 정리해 본다. **차시 예고 및 주변 정리** • 주변을 깨끗이 정리하고 다음 수업을 준비한다.	20	주변 정리

천연 헤어에센스

준비

도구 비이커, 저울, 스포이드, 100ml 펌프용기, 스티커,
pH용지(리트머스)

재료 아르간오일 10g, 동백오일 15g, 올리브오일 30g,
디판테놀 2g, 디메치콘 10g, 사이클로메치콘 30g,
비타민 E 4g, 에센셜오일(일랑일랑 3방울, 라벤더 3방울,
스윗오렌지 3방울), 소독용 알콜

만들기

＊만들기 전 소독용 알콜로 도구와 용기를 꼭 소독하여 사용한다.

❶ 비이커에 모발에 도움이 되는 아르간오일, 동백오일, 올리브오일을 계량한다.

❷ ❶에 헤어컨디셔닝에 도움이 되는 디판테놀, 디메치콘, 사이클로메치콘을
넣고 재료들이 잘 섞이도록 저어준다.

❸ ❷에 비타민E와 에센셜오일을 넣고 재료들이 잘 섞이도록 저어준다.

❹ 용기에 넣고 스티커를 붙여준다.

❺ 사용할 때마다 잘 흔들어서 사용한다.

TIP

❶ 오일은 한 가지만 써도 무방하다.

❷ 디메치콘과 사이클로메치콘은 실리콘계 재료이다.

❸ 에센셜오일은 본인의 기호에 맞게 로즈마리 등으로 변경해도 된다.

천연 아토피 오일 만들기

단 원	천연 아토피 오일 만들기	학습대상	초등~성인
교육목표	천연재료를 활용해 아토피 오일을 만들 수 있다.		
교육효과	아토피에 도움이 되는 재료를 알고 피부에 맞는 오일을 만들 수 있다.		
학습자료	오염의 원인, 천연 아토피 오일 만들기 설명지		

학습 단계	교수학습활동	시간	자 료
발단	**동기 유발** • 아토피 피부가 뭘까? **학습 내용 제시** • 사람들의 생활이나 활동에 따라 생기는 인위적인 오염 원인에 대해 알아본다.	15	화학과 생활 외
	학습 목표 제시 • 학교, 가정에서 오염물질에 대한 대처 방법 찾아보기 • 천연 아토피 오일을 만들 수 있다.	15	오염 물질과 원인 PPT
전개	**천연 아토피 오일 만들기** • 오일류를 계량하여 넣고 에센셜오일을 넣어 잘 섞어준다. • 첨가물을 넣고 재료들이 골고루 섞이도록 저어준다. • 천연방부제와 피부장벽강화 및 피부보습에 효과가 있는 지용성 세라마이드를 넣고 흔들어 섞는다. • 펌프용기에 담고 스티커를 붙여준다.	40	아토피 오일 재료 설명 PPT
정리	**학습 내용 실천 사항** • 녹색성장의 중요성과 친환경적 소비 '에코지능'에 대해 실천 의지를 다진다. • 오늘 배운 천연 아토피오일 만들기와 사용법을 주변에 알려 함께 쓸 수 있도록 한다. **학습에 대한 질의문답 및 학습 내용 정리** • 오염원과 건강한 생활에 대한 내용을 상기한다. • 아토피에 효과가 있는 오일을 정리해 본다. **차시 예고 및 주변 정리** • 주변을 깨끗이 정리하고 다음 수업을 준비한다.	20	주변 정리

천연 **아토피 오일**

준비

도구 비이커, 저울, 스포이드, 100ml 펌프용기, 스티커,
　　　pH용지(리트머스)
재료 호호바오일 45g, 달맞이종자오일 30g, 로즈힙오일 25g,
　　　지용성세라마이드 2g, 천연방부제 나프리 1g,
　　　에센셜오일(카모마일저먼 2방울, 라벤더 1방울,
　　　티트리 1방울), 소독용 알콜

만들기

＊만들기 전 소독용 알콜로 도구와 용기를 꼭 소독하여 사용한다.

❶ 비이커 호호바오일, 달맞이종자오일, 로즈힙오일을 계량한다.

❷ ❶에 에센셜오일을 넣고 재료들이 잘 섞이도록 저어준다.

❸ ❷에 세라마이드와 천연방부제를 추가하여 잘 섞이도록 저어준다.

❹ 용기에 넣고 스티커를 붙여준다.

❺ 사용할 때마다 잘 흔들어서 사용한다.

TIP

❶ 호호바오일 만으로도 가능하다.

❷ 피부장벽을 강화시켜주는 세라마이드는 오일류에 잘 섞이도록
　 지용성 세라마이드를 사용한다.

❸ 달맞이꽃종자오일은 약간의 비린내가 있다.

❹ 에센셜오일을 많이 쓰면 피부가 따가울 수 있다.

EM발효액 활용 폼클렌징

단 원	EM발효액 활용 폼 클렌징 만들기		학습대상	유아~성인
교육목표	미생물의 다양한 역할에 대해 알고, 유용미생물 EM을 활용한 클렌징 폼을 만들 수 있다.			
교육효과	EM쌀뜨물발효액을 활용해 미세먼지로부터 건강을 지킬 수 있는 여드름 케어용 클렌징 폼 만들기와 활용방법을 안다.			
학습자료	오염의 원인, 천연 스킨 설명지			

학습 단계	교수학습활동	시간	자 료
발단	**동기 유발** • 얼굴에 트러블을 왜 생길까? • 여드름 피부 어떻게 관리해야 하나? **학습 내용 제시** • 식물성계면활성제의 분해과정 알아보기 • 식물성계면활성제를 활용한 클렌징폼을 만들어 보자.	15	환경과 생활 외
	학습 목표 제시 • 합성계면활성제로 인한 오염 원인을 알아보고 EM발효액과 식물성계면활성제를 활용하여 여드름 케어클렌징폼을 만들어본다.	15	계면 활성제 PPT
전개	**여드름 케어 클렌징 폼 만들기** • 정제수를 준비하여 비이커에 넣는다. • 글리세린, EM원액쌀뜨물발효액, 애플워시를 넣고 절 저어준다. • 병풀추출물, 아하추출물을 넣어준다. • 천연비타민E, 티트리, 레몬 에센셜오일을 넣고 잘 저어준다. • 거품용기에 담고 스티커를 붙인다.	40	클렌징폼제 PPT
정리	**학습 내용 실천 사항** • 오늘 배운 여드름케어 클렌징폼 만들기와 사용법을 주변에 알려 함께 쓸 수 있도록 한다. **학습에 대한 질의문답 및 학습 내용 정리** • 여드름관리 방법 및 피부스킨케어에 대해 정리해본다. • 물 관리의 중요성을 알고 물을 아껴 쓴다. **차시 예고 및 주변 정리** • 주변을 깨끗이 정리하고 다음 수업을 준비한다.	20	주변 정리

EM발효액 활용 **폼클렌징**

준비

도구 비이커, 100ml 거품용기, 스포이드, 시약스푼
재료 정제수(또는 로즈 플로럴워터) 40ml,
　　　글리세린 5ml, 아하추출물 5ml, 병풀추출물 10ml,
　　　EM원액 5ml, 애플워시 35ml, 한방방부제 1ml,
　　　티트리 5방울, 레몬 3방울, 소독용 알콜

만들기

*만들기 전 소독용 알콜로 도구와 용기를 꼭 소독하여 사용한다.

① 비이커에 정제수를 계량한다.

② 글리세린, EM원액, 애플워시를 넣고 잘 저어준다.

③ 피부각질제거에 효과가 있는 아하추출물, 병풀추출물 넣고 잘 저어준다.

④ 방부보존효과가 있는 한방방부제, 항균살균 티트리,
　　항산화 레몬 에센셜오일을 넣고 잘섞어준다.

⑤ 거품용기에 담고 스티커를 붙여준다.

TIP

① 정제수대신 플로럴워터를 쓰면 더 깊은 효과가 향기를 느낄 수 있다.

② 세정감이 떨어진다고 생각되면 글리세린의 양을 줄여도 좋다.

③ EM원액, 병풀추출물은 생략해도 좋다.

④ 에센셜오일은 남성은 라벤더, 여성은 레몬을 선호한다.
　　선호하는 에센셜오일로 대체해도 좋다.

⑤ 사용 전 용기를 충분히 흔들어 거품이 잘 만들어지도록 사용하면 세정감이 상승된다.

천연 클렌징오일 만들기

단 원	천연 클렌징오일 만들기	학습대상	초등~성인
교육목표	환경과 피부에 좋은 천연 클렌징오일를 만들 수 있다.		
교육효과	클렌징에 도움이 되는 오일을 선택해 자신의 피부에 맞는 클렌징 오일을 만들 수 있다.		
학습자료	수질 오염의 원인, 천연 클렌징오일 설명지.		

학습 단계	교수학습활동	시간	자 료
발단	**동기 유발** • 천연 재료를 사용하면 환경에 어떤 점이 좋을까? • 천연 리무버 재료에는 어떤 것이 있을까? **학습 내용 제시** • 화학 클렌징오일와 천연 클렌징오일의 차이를 안다. • 환경과 피부에 좋은 천연 클렌징오일을 만든다.	15	화학과 생활 외
	학습 목표 제시 • 사람들의 생활이나 활동에 따라 생기는 인위적인 오염 원인에 대해 생각해 본다. • 학교, 가정에서 오염물질에 대한 대처 방법 찾아보기 • 피부에 덜 자극적인 천연 클렌징오일을 만들어 본다.	15	오염 물질과 원인 PPT
전개	**천연 클렌징오일 만들기** • 호호바, 살구씨, 올리브오일 계량한다. • 올리브 리퀴드를 첨가하고, 천연비타민E와 레몬 에센셜오일을 넣어준다. • 제품 용기의 뚜껑을 닫고 흔들어서 고루 섞는다.	40	클렌징 오일 재료 설명 PPT
정리	**학습 내용 실천 사항** • 녹색성장의 중요성과 친환경적 소비 '에코지능'에 대해 실천 의지를 다진다. • 오늘 배운 천연 클렌징오일 만들기와 사용법을 주변에 알려 함께 쓸 수 있도록 한다. **학습에 대한 질의문답 및 학습 내용 정리** • 오염 원인과 건강한 생활에 대한 내용을 상기한다. • 피부 클렌징에 효과가 있는 재료를 정리해 본다. **차시 예고 및 주변 정리** • 주변을 깨끗이 정리하고 다음 수업을 준비한다.	20	주변 정리

천연 클렌징오일

도구 비이커, 저울, 스포이드, 100ml 펌프용기, 스티커
재료 호호바오일 30g, 살구씨오일 30g, 올리브오일 20g,
올리브리퀴드 20g, 나프리 1g, 레몬에센셜오일 5방울,
소독용 알콜

• 만들기 전 소독용 알콜로 도구와 용기를 꼭 소독하여 사용한다.

❶ 비이커에 호호바오일, 살구씨오일, 올리브오일을 계량한다.

❷ ❶에 올리브리퀴드를 넣고 재료들이 잘 섞이도록 저어준다.

❸ ❷에 에센셜오일과 천연방부제인 나프리를 추가하여 잘 섞이도록 저어준다.

❹ 용기에 넣고 스티커를 붙여준다.

❺ 사용할 때마다 잘 흔들어서 사용한다.

❶ 호호바오일과 올리브리퀴드만으로도 가능하다.

❷ 올리브오일은 엑스트라버진을 사용한다.

❸ 피부의 상태에 따라 오일을 변경해도 좋다. 지성피부는 올리브오일 대신
녹차씨오일, 중성피부는 연꽃오일 등으로 대체 가능하다.

❹ 휴지로 닦아내지 말고 바로 물로 세안하면 된다.

천연 아이리무버 만들기

단 원	천연 아이리무버 만들기		학습대상	초등~성인
교육목표	환경과 피부에 좋은 천연 아이리무버를 만들 수 있다.			
교육효과	아이리무버의 천연 재료를 알고 천연 아이리무버를 만들 수 있다.			
학습자료	수질 오염의 원인, 천연 아이리무버 설명지.			

학습 단계	교수학습활동	시간	자료
발단	**동기 유발** • 천연 재료를 사용하면 환경에 어떤 점이 좋을까? • 천연 리무버 재료에는 어떤 것이 있을까? **학습 내용 제시** • 화학 아이리무버와 천연 아이리무버의 차이를 안다. • 환경과 피부에 좋은 천연 아이리무버를 만든다.	15	화학과 생활 외
	학습 목표 제시 • 사람들의 생활이나 활동에 따라 생기는 인위적인 오염 원인에 대해 생각해 본다. • 학교, 가정에서 오염물질에 대한 대처 방법 찾아보기 • 피부에 덜 자극적인 천연 아이리무버를 만들어 본다.	15	오염 물질과 원인 PPT
전개	**천연 아이리무버 만들기** • 호호바오일, 살구씨오일을 계량한다. • 올리브리퀴드를 계량하여 넣고 정제수를 넣는다. • 비타민 E를 넣고 잘 흔들어준다. • 제품 용기의 뚜껑을 닫고 흔들어서 고루 섞는다.	40	아이 리무버 재료 설명 PPT
정리	**학습 내용 실천 사항** • 녹색성장의 중요성과 친환경적 소비 '에코지능'에 대해 실천 의지를 다진다. • 오늘 배운 천연 아이리무버 만들기와 사용법을 주변에 알려 함께 쓸 수 있도록 한다. **학습에 대한 질의문답 및 학습 내용 정리** • 오염 원인과 건강한 생활에 대한 내용을 상기한다. • 아이리무버 재료의 기능을 알고 정리해 본다. **차시 예고 및 주변 정리** • 주변을 깨끗이 정리하고 다음 수업을 준비한다.	20	주변 정리

천연 **아이리무버**

준비

도구 비이커, 저울, 스포이드, 100ml 펌프용기 1개,
     스티커
재료 호호바오일 10g, 살구씨오일 10g,
     올리브리퀴드 10g, 로즈워터 70g, 비타민E 2g,
     소독용 알콜

만들기

*만들기 전 소독용 알콜로 도구와 용기를 꼭 소독하여 사용한다.

1. 비이커에 호호바오일, 살구씨오일을 계량한다.
2. ❶에 올리브리퀴드를 넣고 재료들이 잘 섞이도록 저어준다.
3. ❷에 로즈워터와 비타민E를 추가하여 잘 섞이도록 저어준다.
4. 용기에 넣고 스티커를 붙여준다.
5. 사용할 때마다 잘 흔들어서 사용한다.

TIP

1. 사용 시 화장솜에 묻혀서 눈가에 잠시 올려놓았다가 지우면 된다.
2. 피부의 상태에 따라 오일을 변경해도 좋다. 지성피부는 살구씨오일 대신
   녹차씨오일, 중성피부는 연꽃오일 등으로 대체 가능하다.
3. 피부층이 예민한 눈가와 입술은 주름이 생기기 쉬우니 너무 힘주어 사용하지 않는다.

천연 버물리 만들기

단 원	천연 버물리 만들기	학습대상	초등~성인
교육목표	천연재료를 활용해 버물리를 만들 수 있다.		
교육효과	피부에 친화력이 좋은 오일을 활용해 가려움증에 도움이 되는 천연 버물리를 만들 수 있다.		
학습자료	오염의 원인, 천연 버물리 설명지		

학습 단계	교수학습활동	시간	자료
발단	**동기 유발** • 모기는 왜 물리는 걸까? 모기는 어떤 사람이 잘 물리는 걸까? **학습 내용 제시** • 기후 변화와 해충의 증가에 대해 알아본다. • 환경오염의 원인을 알아본다.	15	화학과 생활 외
	학습 목표 제시 • 사람들의 생활이나 활동에 따라 생기는 인위적인 오염 원인에 대해 생각해 본다. • 천연 버물리를 만들 수 있다.	15	오염 물질과 원인 PPT
전개	**천연 버물리 만들기** • 호호바오일과 달맞이종자오일을 볼 용기에 넣는다. • 멘톨을 볼 용기에 넣고 녹을 때까지 손바닥으로 용기를 비비면서 따뜻하게 해 멘톨을 녹인다. • 크리스탈 멘티이 다 녹으면 에센셜오일과 무수소독용 알콜을 넣는다. • 내용물이 고르게 섞이도록 저어주고 완성하면 용기에 담는다.	40	천연 비염 감기 연고 재료 설명 PPT
정리	**학습 내용 실천 사항** • 녹색성장의 중요성과 친환경적 소비 '에코지능'에 대해 실천 의지를 다진다. • 오늘 배운 천연 버물리 만들기와 사용법을 주변에 알려 함께 쓸 수 있도록 한다. **학습에 대한 질의문답 및 학습 내용 정리** • 오염 원인을 상기하고 건강한 생활에 대한 내용을 상기한다. • 벌레 물렸을 때의 다양한 대처방법을 정리해 본다. **차시 예고 및 주변 정리** • 주변을 깨끗이 정리하고 다음 수업을 준비한다.	20	주변 정리

천연 버물리

준비

도구 핫플레이트, 비이커, 저울, 스포이드, 시약스푼,
10ml 볼용기, 스티커

재료 호호바오일 4g, 달맞이꽃종자오일 2g, 멘톨1조각,
무수소독용 알콜 3g, 페퍼민트 5방울+캐모마일 3방울+라벤더 2방울
+티트리 2방울 에센셜오일, 소독용 알콜

만들기

•만들기 전 소독용 알콜로 도구와 용기를 꼭 소독하여 사용한다.

❶ 볼용기에 피부구조와 유사해 흡수가 잘되는 호호바오일과
가려움증에 도움이 되는 달맞이꽃종자오일을 계량하여 넣는다.

❷ ❶에 멘톨을 넣고 용기를 손바닥으로 비벼 따뜻하게 해서 녹여준다.

❸ ❷의 멘톨이 녹으면 에센셜오일과 무수소독용 알콜을 넣는다.

❹ 볼뚜껑을 잘 덮어주고 스티커를 붙인다.

❺ 사용 할 때마다 잘 흔들어서 사용한다.

TIP

❶ 호호바오일 인퓨즈 자초오일로 만들어도 좋다.

❷ 무수소독용 알콜 없이 오일에 멘톨만 넣어서 만들어도 된다.

❸ 오일과 무수소독용 알콜이 분리되므로 사용할 때마다 흔들어서 사용한다.

천연 자초 립밤 만들기

단 원	천연 자초 립밤 만들기			학습대상	초등~성인
교육목표	건조한 대기환경의 원인을 알고, 천연 자초 립밤 만들기를 통해 에코지능을 높일 수 있다.				
교육효과	천연재료를 활용해 자초 립밤을 직접 만들어 봄으로 시중의 합성재료와의 차이를 안다.				
학습자료	건조기후의 원인, 천연 자초 립밤 재료 PPT				

학습 단계	교수학습활동	시간	자 료
발단	**동기 유발** • 기후변화, 건조 기후 등의 환경 이해자료 보기 • 틴트의 유행, 어떤 원료로 만들까? **학습 내용 제시** • 사람들의 생활이나 활동에 따라 생기는 인위적인 것 기후변화, 대기오염에 대해 생각해 본다. • 건조한 환경으로부터 건강을 지키는 다양한 방법 생각하기	15	화학과 생활 외
	학습 목표 제시 • 기후 변화의 심각성을 알고 원인 및 대처방법을 생각할 수 있다. • 천연 재료를 활용한 자초 립밤을 만들 수 있다.	15	오염 물질과 원인 PPT
전개	**천연 자초 립밤 만들기** • 용기를 살균하여 준비한다. • 준비된 비이커에 자초오일을 넣는다. • 시어버터, 비즈왁스, 에센셜오일, 천연방부제를 넣는다. • 핫플레이트에 녹인 후 스틱용기에 붓는다. • 용기에서 굳으면 뚜껑을 닫고, 스티커를 붙인다.	40	자초 립밤 재료 설명 PPT
정리	**학습 내용 실천 사항** • 천연 자초 립밤은 입술이 건조할 때 마다 수시로 발라준다. • 오늘 배운 천연 자초 립밤 만들기와 사용법을 주변에 알려 함께 쓸 수 있도록 한다. **학습에 대한 질의문답 및 학습 내용 정리** • 녹색성장의 중요성과 친환경적 소비 '에코지능'에 대해 실천 의지를 다진다. **차시 예고 및 주변 정리** • 주변을 깨끗이 정리하고 다음 수업을 준비한다.	20	주변 정리

천연 자초립밤

도구 핫플레이트, 비이커, 저울, 스포이드, 시약스푼,
5ml 립밤용기 5개, 스티커 5개

재료 호호바오일 인퓨즈 자초오일 16g, 시어버터 4g, 비즈왁스 6g,
천연비타민E 0.5g, 에센셜오일(스윗오렌지 10방울),
소독용 알콜

*만들기 전 소독용 알콜로 도구와 용기를 꼭 소독하여 사용한다.

❶ 호호바오일에 항균자초뿌리를 넣어 2주간 숙성시킨 오일을 준비한다

❷ 비이커에 붉은색으로 변한 호호바오일 인퓨즈 자초오일을 계량한다.

❸ ❷에 비즈왁스가 투명해질 때가지 핫플레이트에 녹인다.

❹ ❸의 재료가 다 녹으면 천연비타민E와 에센셜오일을 계량하여 넣는다.

❺ 스틱용기를 바닥에 고정시키고 봉긋하게 붓는다.

❻ ❺가 굳은 후 용기에 스티커를 붙여준다.

❶ 준비된 자초오일이 없으면 호호바오일 만으로도 가능하다.

❷ 비즈왁스대신 칸데릴라왁스도 가능하다.

❸ 재료가 굳기 전에 스틱용기에 부어야한다.

❹ 에센셜오일은 커피, 초코, 딸기 등의 플레이버오일로 변경해도 좋다.

천연 컬러립스틱 만들기

단 원	천연 컬러립스틱 만들기	학습대상	초등~성인
교육목표	피부에 좋은 식물성 오일을 활용해 천연 컬러립스틱을 만들 수 있다.		
교육효과	자신의 피부에 맞는 식물성 오일로 컬러 립스틱을 만들 수 있다.		
학습자료	오염의 원인, 천연 컬러립스틱 설명지.		

학습 단계	교수학습활동	시간	자 료
발단	**동기 유발** • 기후변화, 건조 기후 등의 환경 이해자료 보기 • 틴트의 유행, 어떤 원료로 만들까? **학습 내용 제시** • 자신의 피부에 맞는 식물성 오일로 컬러 립스틱을 만들 수 있다. • 건조한 환경으로부터 건강을 지키는 다양한 방법 생각하기	15	화학과 생활 외
	학습 목표 제시 • 사람들의 생활이나 활동에 따라 생기는 인위적인 오염 원인에 대해 생각해 본다. • 컬러 립스틱 만드는 방법 알아보기	15	오염 물질과 원인 PPT
전개	**천연 컬러립스틱 만들기** • 오일류 계량 후 밀랍을 넣는다. • 핫플레이트에 올린 후 비즈왁스가 모두 녹을 수 있도록 가열한다. • 재료가 모두 녹으면 가열을 멈추고, 비타민E와 플레이버오일을 첨가한다. • 립스틱 용기에 담고 상온에서 굳힌다.	40	컬러 립스틱 재료 설명 PPT
정리	**학습 내용 실천 사항** • 녹색성장의 중요성과 친환경적 소비 '에코지능'에 대해 실천 의지를 다진다. • 오늘 배운 천연 컬러립스틱 만들기와 사용법을 주변에 알려 함께 쓸 수 있도록 한다. **학습에 대한 질의문답 및 학습 내용 정리** • 오염 원인과 건강한 생활에 대한 내용을 상기한다. • 컬러 립스틱 만들기에 필요한 재료를 정리해 본다. **차시 예고 및 주변 정리** • 주변을 깨끗이 정리하고 다음 수업을 준비한다.	20	주변 정리

천연 컬러립스틱

도구 핫플레이트, 비이커, 저울, 스포이드, 시약스푼,
15ml 립스틱용기 1개, 스티커 1개
재료 호호바오일 4g, 검은깨오일 3g, 시어버터 3g, 비즈왁스 5g,
컬러베이스 0.5g, 천연비타민E 0.2g, 체리플리이버오일 2방울,
소독용 알콜

* 만들기 전 소독용 알콜로 도구와 용기를 꼭 소독하여 사용한다.

❶ 비이커에 호호바오일을 계량하고 자외선차단 효과가 있는 검은깨오일,
보습효과가 뛰어난 시어버터를 계량한다.

❷ ❶에 비즈왁스를 계량하여 넣고 핫플레이트에 올린다.

❸ ❷의 재료가 다 녹으면 천연비타민E와 플레이버오일을 계량하여 넣는다.

❹ 스틱용기를 바닥에 고정시키고 봉긋하게 붓는다.

❺ ❸이 굳은 후 용기에 스티커를 붙여준다.

❶ 립스틱컬러베이스는 원하는 색상을 찾아서 사용한다.

❷ 두가지이상의 컬러를 섞어 조합해도 좋다.

❸ 재료가 굳기 전에 스틱용기에 부어야한다.

❹ 립스틱몰드를 사용할 경우 용기에도 알콜을 뿌리고, 꺼낼 때도 알콜을 사용하여
뭉개짐이 없도록 해야 한다.

❺ 플레이버오일은 커피, 초코, 딸기, 복숭아, 라즈베리 등의 오일로 변경해도 좋다.

103

천연 여드름 연고 만들기

단 원	천연 여드름 연고 만들기	학습대상	초등~성인
교육목표	건조한 대기환경의 원인을 알고, 천연 여드름 연고 만들기를 통해 에코지능을 높일 수 있다.		
교육효과	천연재료를 활용해 천연 여드름 연고를 직접 만들어 봄으로 시중의 합성재료와의 차이를 안다.		
학습자료	건조기후의 원인, 천연 여드름 연고 설명지.		

학습 단계	교수학습활동	시간	자료
발단	**동기 유발** • 기후변화, 건조 기후 등의 환경 이해자료 보기 • 여드름이 생기는 원인 알아보기 **학습 내용 제시** • 건조한 환경으로부터 건강을 지키는 다양한 방법 생각하기 • 여드름 연고의 재료에 대해 알아보고 활용한다.	15	화학과 생활 외
	학습 목표 제시 • 기후 변화의 심각성을 알고 원인 및 대처방법을 생각할 수 있다. • 천연 재료를 활용한 여드름 연고을 만들 수 있다.	15	오염 물질과 원인 PPT
전개	**천연 여드름연고 만들기** • 용기를 살균하여 준비한다. • 준비된 비이커에 자초오일, 카렌둘라오일을 넣는다. • 비즈왁스와 아하추출물을 넣는다. • 핫플레이트에 녹인 후 비타민E와 에센셜오일을 넣고 스틱용기에 붓는다. • 용기에서 굳으면 뚜껑을 닫고, 스티커를 붙인다.	40	여드름 연고 재료 설명 PPT
정리	**학습 내용 실천 사항** • 오늘 배운 천연 여드름연고 만들기와 사용법을 주변에 알려 함께 쓸 수 있도록 한다. **학습에 대한 질의문답 및 학습 내용 정리** • 녹색성장의 중요성과 친환경적 소비 '에코지능'에 대해 실천 의지를 다진다. • 여드름의 원인을 알고 천연재료를 활용한 예방법을 정리해 본다. **차시 예고 및 주변 정리** • 주변을 깨끗이 정리하고 다음 수업을 준비한다.	20	주변 정리

천연 여드름 연고

준비

도구 핫플레이트, 비이커, 저울, 스포이드, 시약스푼,
　　 15ml 볼용기, 스티커 5개
재료 호호바오일 인퓨즈 자초오일 5g,
　　 해바라기오일 인퓨즈 카렌듈라오일 5g,
　　 비즈왁스 3g, 아하추출물 2g, 비타민E 0.2g,
　　 에센셜오일(티트리 1방울+라벤더1방울), 소독용 알콜

만들기

*만들기 전 소독용 알콜로 도구와 용기를 꼭 소독하여 사용한다.

❶ 호호바오일에 항균자초뿌리를 넣어 2주간 숙성시킨 오일을 준비한다.

❷ 해바라기오일에 카렌듈라 꽃잎을 넣어 주간 숙성시킨 오일을 준비한다.

❸ 비이커에 붉은색으로 변한 호호바오일 인퓨즈 자초오일을 계량한다.

❹ ❸에 해바라기오일 인퓨즈 카렌듈라오일을 계량한다.

❺ ❹에 아하추출물과 비즈왁스를 넣는다.

❻ ❺의 비즈왁스가 투명해질 때까지 핫플레이트에 녹인다.

❼ ❻의 재료가 다 녹으면 비타민E와 에센셜오일을 계량하여 넣는다.

❽ 스틱용기를 바닥에 고정시키고 봉긋하게 붓는다.

❾ ❽이 굳은 후 용기에 스티커를 붙여준다.

TIP

❶ 준비된 자초오일이 없으면 자운고오일로 대체 가능하다.

❷ 비즈왁스대신 칸데릴라왁스도 가능하다.

❸ 재료가 굳기 전에 스틱용기에 부어야한다.

천연 근육통 연고 만들기

단 원	천연 근육통 연고 만들기		학습대상	초등~성인
교육목표	건조한 대기환경의 원인을 알고, 천연 근육통 연고 만들기를 통해 에코지능을 높일 수 있다.			
교육효과	천연재료를 활용해 천연 근육통 연고를 직접 만들어 봄으로 시중의 합성재료와의 차이를 안다.			
학습자료	건조기후의 원인, 천연 근육통연고 설명지.			

학습 단계	교수학습활동	시간	자료
발단	**동기 유발** • 기후변화, 건조 기후 등의 환경 이해자료 보기 • 근육통이 생기는 원인 알아보기 **학습 내용 제시** • 건조한 환경으로부터 건강을 지키는 다양한 방법 생각하기	15	화학과 생활 외
	학습 목표 제시 • 기후 변화의 심각성을 알고 원인 및 대처방법을 생각할 수 있다. • 천연 재료를 활용한 근육통 연고를 만들 수 있다.	15	오염 물질과 원인 PPT
전개	**천연 근육통연고 만들기** • 용기를 살균하여 준비한다. • 준비된 비이커에 세인트존스워트오일, 카렌듈라오일을 넣는다. • 비즈왁스를 넣고 핫플레이트에 가열한다. • 비즈왁스가 녹으면 멘톨과 비타민E, 에센셜오일을 넣고 용기에 붓는다. • 용기에서 굳으면 뚜껑을 닫고, 스티커를 붙인다.	40	근육통 연고 재료 설명 PPT
정리	**학습 내용 실천 사항** • 오늘 배운 천연 근육통연고 만들기와 사용법을 주변에 알려 함께 쓸 수 있도록 한다. **학습에 대한 질의문답 및 학습 내용 정리** • 녹색성장의 중요성과 친환경적 소비 '에코지능'에 대해 실천 의지를 다진다. • 근육통 연고에 사용된 재료의 기능을 알고 정리해 본다. **차시 예고 및 주변 정리** • 주변을 깨끗이 정리하고 다음 수업을 준비한다.	20	주변 정리

천연 근육통 연고

도구 핫플레이트, 비이커, 저울, 스포이드, 시약스푼,
10ml 마카롱용기, 스티커 5개

재료 세인트존스워트오일 5g, 카렌듈라 오일 4g,
비즈왁스 1.2g, 멘톨 0.2g, 소독용 알콜,
에센셜오일(티트리 2방울+라벤더 3방울+페퍼민트 2방울)

*만들기 전 소독용 알콜로 도구와 용기를 꼭 소독하여 사용한다.

① 비이커에 항균·항염작용이 뛰어난 세인트존스워트오일과
민감성, 아토피에 효과가 좋은 카렌듈라오일을 계량한다.

② ①에 비즈왁스를 넣고 계량하여 핫플레이트에 올린다.

③ ②의 비즈왁스가 투명해지면 멘톨, 비타민E, 에센셜오일을 넣는다.

④ 마카롱용기를 바닥에 고정시키고 봉긋하게 붓는다.

⑤ ④가 굳은 후 용기에 스티커를 붙여준다.

① 용기는 스틱용기보다는 크림용기가 좋다.

② 스틱용기에 담고 싶으면 비즈왁스를 2g정도 넣는다.

③ 근육통에 있는 곳에 잘 펴서 발라준다.

④ 모기물린 곳에 발라도 효과가 좋다.

⑤ 얼굴에는 사용하지 않도록 한다.

천연 비염·감기 연고 만들기

단 원	천연 비염·감기 연고 만들기	학습대상	초등~성인
교육목표	건조한 대기환경의 원인을 알고, 천연 비염·감기연고 만들기를 통해 에코지능을 높일 수 있다.		
교육효과	천연재료를 활용해 비염·감기연고를 직접 만들어 봄으로 시중의 합성재료와의 차이를 안다.		
학습자료	건조기후의 원인, 천연 비염·감기연고 재료 PPT		

학습 단계	교수학습활동	시간	자 료
발단	**동기 유발** • 기후변화, 건조 기후 등의 환경 이해자료 보기 • 감기가 생기는 원인 알아보기 **학습 내용 제시** • 건조한 환경으로부터 건강을 지키는 다양한 방법 생각하기	15	화학과 생활 외
	학습 목표 제시 • 기후 변화의 심각성을 알고 원인 및 대처방법을 생각할 수 있다. • 천연 재료를 활용한 비염·감기연고를 만들 수 있다.	15	오염 물질과 원인 PPT
전개	**천연 근육통연고 만들기** • 용기를 살균하여 준비한다. • 준비된 비이커에 호호바오일과 스윗아몬드오일을 넣는다. • 비즈왁스를 넣고 핫플레이트에 가열한다. • 비즈왁스가 녹으면 에센셜오일을 넣고 용기에 붓는다. • 용기에서 굳으면 뚜껑을 닫고, 스티커를 붙인다.	40	천연 비염 감기 연고 재료 설명 PPT
정리	**학습 내용 실천 사항** • 오늘 배운 천연 비염·감기연고 만들기와 사용법을 주변에 알려 함께 쓸 수 있도록 한다. **학습에 대한 질의문답 및 학습 내용 정리** • 녹색성장의 중요성과 친환경적 소비 '에코지능'에 대해 실천 의지를 다진다. • 비염연고 만들기에 사용된 재료의 쓰임을 정리해 본다. **차시 예고 및 주변 정리** • 주변을 깨끗이 정리하고 다음 수업을 준비한다.	20	주변 정리

천연 비염·감기연고

도구 핫플레이트, 비이커, 저울, 스포이드, 시약스푼,
5ml 스틱용기 2개, 스티커 5개

재료 호호바오일 3g, 스윗아몬드오일 5g, 비즈왁스 2g,
에센셜오일 (유칼립 3방울+ 라벤더 2방울+
사이프러스 1방울+페퍼민트 1방울), 소독용 알콜

만들기

*만들기 전 소독용 알콜로 도구와 용기를 꼭 소독하여 사용한다.

① 비이커에 호호바오일과 스윗아몬드오일을 계량한다.

② ①에 비즈왁스를 넣고 계량하여 핫플레이트에 올린다.

③ ②의 비즈왁스가 투명해지면 에센셜오일을 넣는다.

④ 스틱용기를 바닥에 고정시키고 봉긋하게 붓는다.

⑤ ④가 굳은 후 용기에 스티커를 붙여준다.

TIP

① 코 밑이나 코 안쪽에 발라준다.

② 목주위에 발라도 효과가 좋다.

천연 썬밤(썬스틱) 만들기

단 원	천연 썬밤(썬스틱) 만들기		학습대상	초등~성인
교육목표	기후변화와 자외선의 관계를 알아보고 천연 썬밤을 만들 수 있다.			
교육효과	자외선으로부터 피부를 보호하는 재료를 알고 천연 썬밤을 만들 수 있다.			
학습자료	오염의 원인, 천연 썬밤 설명지			

학습 단계	교수학습활동	시간	자 료
발단	**동기 유발** • 자외선 차단이 중요한 이유가 뭘까? **학습 내용 제시** • 자외선의 종류에 대해 알아보고 차단방법을 알아본다.	15	화학과 생활 외
	학습 목표 제시 • 사람들의 생활이나 활동에 따라 생기는 인위적인 자외선이 　강해지는 원인에 대해 생각해 본다. • 자외선의 종류와 피부에 미치는 영향을 안다. • 천연 썬밤을 만들 수 있다.	15	오염 물질과 원인 PPT
전개	**천연 썬밤 만들기** • 비이커에 오일, 버터, 자외선차단제, 왁스류를 계량하여 담는다. • 위의 비이커를 핫플레이트에서 60~70℃로 가열한다. • 적정 온도가 되면 가열을 멈추고 천연보존제와 에센셜오일을 넣은 　후 잘 섞는다. • 용기에 담고 스티커를 붙인다.	40	천연 썬밤 재료 설명 PPT
정리	**학습 내용 실천 사항** • 오늘 배운 천연 썬밤 만들기와 사용법을 주변에 알려 함께 쓸 수 　있도록 한다. **학습에 대한 질의문답 및 학습 내용 정리** • 자외선의 차단이유를 상기하고 건강한 생활에 대한 내용을 　상기한다. **차시 예고 및 주변 정리** • 주변을 깨끗이 정리하고 다음 수업을 준비한다.	20	주변 정리

천연 썬밤[썬스틱]

준비

도구 핫플레이트, 비이커, 미니 핸드블렌더, 저울,
　　실리콘주걱, 스포이드, 15ml 썬밤스틱 용기 2개, 스티커
재료 검은깨오일 13g, 네추럴에스터오일 5g, 시어버터 1g,
　　비즈왁스 8g, 티타늄디옥사이드 2g, 징크옥사이드 2g,
　　시너메이트 2g, 나프리 0.5g, 라벤더 에센셜오일 3방울,
　　소독용 알콜

만들기

*만들기 전 소독용 알콜로 도구와 용기를 꼭 소독하여 사용한다.

① 비이커1(오일류)에 검은깨오일, 네추럴에스터오일, 시어버터, 비즈왁스를
　계량하여 핫플레이트에 올려 가열한다.

② 비이커2(분말류)에 티타늄디옥사이드, 징크옥사이드, 시너메이트를
　계량하여 둔다.

③ 비이커1(오일류)의 내용물이 다 녹으면 비이커2(분말류)의 내용물을 넣고
　잘 저어준다.

④ 천연보존제 나프리와 에센셜오일을 넣고 잘 저어준다.

⑤ 썬밤 스틱 용기에 넣고 스티커를 붙여준다.

TIP

① 자외선차단효과가 있는 검은깨오일을 사용하여 차단효과를 높인다.

② 식물성 지방으로 보습효과가 뛰어난 시어버터와 벌집추출물 비즈왁스를 활용한
　천연 썬스틱

아로마 향초

3편

소이왁스 활용 아로마 캔들 만들기 [기본]

단 원	소이왁스 활용 아로마 캔들		학습대상	초등~성인
교육목표	기후변화, 대기오염의 원인을 알고 천연 재료를 활용한 습기제거에 좋은 아로마 캔들을 만들 수 있다.			
교육효과	자연산 왁스의 활용법을 알고 소이캔들을 만들 수 있다.			
학습자료	환경 오염, 소이왁스 활용 아로마 캔들 설명 PPT			

학습 단계	교수학습활동	시간	자료
발단	**동기 유발** • 자연왁스의 종류와 쓰임 알아보기 • 인공향 캔들보다 천연 아로마 캔들의 좋은점은? **학습 내용 제시** • 인공 캔들과 천연 캔들의 차이점 이해하기 • 기후변화, 대기오염의 원인 알아보기	15	화학과 생활 외
	학습 목표 제시 • 사람들의 생활이나 활동에 따라 생기는 대기오염 원인에 대해 생각해 본다. • 소이왁스를 활용한 아로마 캔들을 만들 수 있다.	15	환경오염 PPT
전개	**소이왁스 활용 아로마 캔들 만들기** • 소이왁스를 계량하여 핫플레이트에 중불에서 녹인다. • 왁스가 투명하게 녹으면 온도를 체크한다. • 왁스온도가 70℃이하로 내려가면 에센셜오일을 넣는다. • 용기에 왁스를 붓고 표면이 불투명해지면 심지를 고정시킨다. • 완전히 굳을 때까지 움직이지 않는다.	40	재료 설명 PPT
정리	**학습 내용 실천 사항** • 녹색성장의 중요성과 친환경적 소비 '에코지능'에 대해 실천 의지를 다진다. • 오늘 배운 천연 향초 만들기와 사용법을 주변에 알려 함께 쓸 수 있도록 한다. **학습에 대한 질의문답 및 학습 내용 정리** • 오염 원인을 상기하고 건강한 생활에 대한 내용을 상기한다. • 자연산 왁스의 종류를 정리해 본다. **차시 예고 및 주변 정리** • 주변을 깨끗이 정리하고 다음 수업을 준비한다.	20	주변 정리

소이왁스 활용 아로마 캔들 [기본]

도구 핫플레이트, 저울, 스테인레스 비이커,
온도계, 스테인레스 시약스푼,
알루미늄 티라이트 용기, 면심지 1호
재료 소이왁스 120g, 라벤더 에센셜오일 6g(5%)

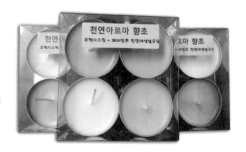

① 소이왁스를 계량하여 비이커에 넣는다.

② 핫플레이트에 올려 중불(약80℃)로 왁스를 녹인다.

③ 왁스가 투명하게 녹으면 온도를 체크한다.

④ 온도가 60~70℃가 되면 에센셜오일을 넣는다.

⑤ 시약스푼으로 잘 섞어준다.

⑥ 티라이트 용기에 부어준다.

⑦ 왁스 표면이 불투명해지면 중앙에 심지를 고정시킨다.

⑧ 왁스가 완전히 굳을 때까지 움직이지 않는다.

① 소이왁스가 녹는 온도는 보통 50℃~55℃이다.

② 에센셜오일은 5~8%를 넘지 않도록 한다.

③ 일주일정도 숙성시키면 더 부드러운 향을 느낄 수 있다.

④ 용기사이즈에 따른 심지를 잘 선택한다. (종이컵 기준 3호)

PS. 소이왁스는 콩을 원료로 만든 순수한 자연산왁스로 향이 은은하게 멀리 퍼진다.
  - 자연산왁스 : 밀납, 소이왁스, 크리스탈 팜
  - 인공 왁스 : 파라핀, 젤왁스 등

시나몬 모기퇴치 캔들 만들기

단 원	시나몬 모기퇴치 캔들 만들기	학습대상	초등~성인
교육목표	시나몬을 활용하여 천연 모기퇴치 캔들을 만들 수 있다.		
교육효과	벌레퇴치에 도움이 되는 재료를 알고 모기퇴치 캔들을 만들 수 있다.		
학습자료	공기 오염의 원인, 시나몬 모기퇴치 캔들 설명지.		

학습 단계	교수학습활동	시간	자 료
발단	**동기 유발** • 시나몬이 뭐지? 어떻게 생겼을까? • 시나몬이 모기를 퇴치한다고? 어떻게? **학습 내용 제시** • 환경오염의 원인이 미치는 영향을 알아보자. • 시나몬 모기퇴치 캔들을 만들어 본다.	15	화학과 생활
	학습 목표 제시 • 사람들의 생활이나 활동에 따라 생기는 대기오염 원인에 대해 생각해 본다. • 시나몬의 효능을 알고 환경 친화적인 시나몬 모기퇴치 캔들을 만든다.	15	오염물질과 원인 PPT
전개	**시나몬 모기퇴치 캔들 만들기** • 소이왁스를 계량하여 핫플레이트에 중불에서 녹인다. • 왁스온도가 70℃ 이하로 내려가면 에센셜오일을 넣는다. • 심지를 꽂은 향초 용기에 왁스를 1cm 높이로 붓고 시나몬스틱을 붙여 꾸민다. • 왁스가 어느 정도 굳으면 시나몬스틱을 꽂는다. • 완전히 굳을 때까지 움직이지 않는다.	40	모기퇴치 캔들 재료 설명 PPT
정리	**학습 내용 실천 사항** • 녹색성장의 중요성과 친환경적 소비 '에코지능'에 대해 실천 의지를 다진다. • 오늘 배운 시나몬 모기퇴치 캔들 만들기와 사용법을 주변에 알려 함께 쓸 수 있도록 한다. **학습에 대한 질의문답 및 학습 내용 정리** • 벌레퇴치에 도움이 되는 재료를 정리해 본다. **차시 예고 및 주변 정리** • 주변을 깨끗이 정리하고 다음 수업을 준비한다.	20	주변 정리

시나몬 모기퇴치 캔들

도구 핫플레이트, 저울, 스테인레스비이커, 온도계,
　　　스테인레스 시약스푼, 200ml 유리용기, 나무심지(대)
재료 소이왁스 180g, 시나몬2g+시트로넬라5g+
　　　레몬그라스2g+페퍼민트2g 에센셜오일 총11g(약6%),
　　　시나몬스틱 3개

① 소이왁스를 계량하여 비이커에 넣는다.

② 핫플레이트에 올려 중불(약80℃)로 왁스를 녹인다.

③ 왁스가 투명하게 녹으면 온도를 체크한다.

④ 온도가 60~70℃가 되면 에센셜오일을 넣는다.

⑤ 시약스푼으로 잘 섞어준다.

⑥ 유리용기 중앙에 글루건으로 심지탭을 고정시킨 후 왁스를 1/5만큼 부어
　　두꺼운 막이 생길 때까지 굳혀 준다.

⑦ 시나몬스틱을 왁스에 고정하며 꽂은 후 남은 왁스를 부어준다.

⑧ 왁스가 완전히 굳을 때까지 움직이지 않는다.

① 용도에 따라 에센셜오일을 변경 하면 된다.

② 에센셜오일은 5~8%를 넘지 않도록 한다.

③ 일주일정도 숙성시키면 더 부드러운 향을 느낄 수 있다.

④ 용기사이즈에 따른 심지를 잘 선택한다. (종이컵 기준 3호)

⑤ 취향에 따라 염료를 첨가하여도 좋다.

⑥ 왁스 표면이 울퉁불퉁하면 드라이기나 열풍기(Hot gun)로 살짝 녹여 굳힌다.

카네이션 디자인 캔들 만들기

단 원	카네이션 디자인 캔들 만들기	학습대상	초등~성인
교육목표	공기의 중요성을 알고 아로마 카네이션 캔들을 만들어본다.		
교육효과	자연산 왁스를 활용해 카네이션 디자인 캔들을 만들 수 있다.		
학습자료	공기 오염의 원인, 카네이션 디자인 캔들 설명지		

학습 단계	교수학습활동	시간	자료
발단	**동기 유발** • 다양한 디자인 캔들의 종류와 사진 보기 **학습 내용 제시** • 사람들의 생활이나 활동에 따라 생기는 대기오염 원인에 대해 생각해 본다.	15	화학과 생활
	학습 목표 제시 • 학교, 가정에서 환경 오염물질에 대한 대처 방법 찾아보기 • 카네이션 디자인 캔들을 만들 수 있다.	15	오염물질과 원인 PPT
전개	**카네이션 디자인 캔들 만들기** • 계량한 왁스를 핫플레이트에 녹인 후 종이컵에 넣고 염료와 에센셜오일을 첨가한다. • 온도가 60~70℃가 되면 왁스를 카네이션 몰드에 부어주고 어느 정도 굳으면 나무꽃이를 사용하여 몰드 중앙에 꽂아 심지가 들어갈 구멍을 만들어 준다. • 유리 용기 중앙에 심지를 고정시키고 카네이션 꽃을 자리를 남기고 왁스를 유리 용기에 붓는다. • 왁스의 표면이 굳으면, 카네이션모양 초를 몰드에서 분리해 심지구멍에 맞추어 용기에 꽂는다. • 카네이션 모양을 고정시키기 위해 남은 왁스 표면에 약2~3mm 정도 붓는다. 심지를 0.7cm~1cm 정도 남겨 놓고 자른다.	40	카네이션 캔들 재료 설명 PPT
정리	**학습 내용 실천 사항** • 녹색성장의 중요성과 친환경적 소비 '에코지능'에 대해 실천 의지를 다진다. • 오늘 배운 카네이션 디자인 캔들 만들기와 사용법을 주변에 알려 함께 쓸 수 있도록 한다. **학습에 대한 질의문답 및 학습 내용 정리** • 대기오염 원인과 건강한 생활에 대한 내용을 상기한다. **차시 예고 및 주변 정리** • 주변을 깨끗이 정리하고 다음 수업을 준비한다.	20	주변 정리

카네이션 디자인 캔들

도구 핫플레이트, 저울, 스테인레스비이커, 온도계,
스테인레스 시약스푼, 200ml 유리용기, 종이컵,
카네이션 몰드, 나무심지(중)

재료 소이왁스 120g, 식물성파라핀왁스 60g,
라벤더+오렌지스윗 에센셜오일 총9g(약5%),
빨강색 염료 약간

① 소이왁스를 핫플레이트에 녹인 후 종이컵에 넣고 염료와 에센셜오일을 첨가한다.

② 온도가 60~70℃가 되면 종이컵에 빨강색 염료를 넣어 잘 저어준 후
왁스를 카네이션 몰드에 부어준다.

③ 왁스의 표면이 어느 정도 굳으면 나무꽂이를 사용하여 몰드 중앙에 꽂아
심지가 들어갈 구멍을 만들어 준다.

④ 유리용기 중앙에 글루건으로 심지탑을 고정시킨다.

⑤ 유리용기 윗부분에 카네이션 높이만큼의 자리를 남기고 왁스를 부어준다.

⑥ 소이 왁스가 굳으면 남은 소이 왁스를 표면에 약 2~3mm 정도 부어준다.

⑦ 표면이 굳기 전에 카네이션모양 초를 몰드에서 분리하여 심지 구멍에 맞추어
용기에 꽂아 고정한다.

⑧ 심지를 0.7~1cm 정도 남겨 놓고 자른다.

① 다양한 디자인을 활용하여 원하는 모양 캔들을 만들 수 있다.

② 왁스가 너무 딱딱하게 굳으면 심지구멍을 내기 힘들다.

③ 디자인 캔들은 소이왁스와 파라핀왁스 7:3으로 배합하면 작업하기 좋다.

④ 카네이션 꽃과 유리용기에 붓는 왁스는 색깔이 다른 것이 좋다.

⑤ 에센셜오일은 5~8%를 넘지 않도록 한다.

⑥ 일주일정도 숙성시키면 더 부드러운 향을 느낄 수 있다.

눈꽃모양 크리스탈 팜 캔들 만들기

단 원	눈꽃모양 크리스탈 팜 캔들 만들기	학습대상	초등~성인
교육목표	눈꽃모양 크리스탈 팜 캔들을 만들어본다.		
교육효과	자연산 왁스로 팜캔들 만들기 과정을 통해 환경 친화적 삶의 중요성을 알고, 현명한 소비자가 된다.		
학습자료	공기 오염의 원인, 눈꽃모양 크리스탈 팜 캔들 설명지		

학습 단계	교수학습활동	시간	자료
발단	**동기 유발** • 기후 변화 관련 동영상을 보고, 환경의 소중함 알기. • 크리스털 아로마 캔들 만드는 방법 알아보기. **학습 내용 제시** • 환경 오염의 원인이 미치는 영향을 알아보자. • 눈꽃모양 크리스탈 팜 캔들을 만들어 본다.	15	화학과 생활
	학습 목표 제시 • 사람들의 생활이나 활동에 따라 생기는 대기오염 원인에 대해 생각해 본다. • 학교, 가정에서 오염물질에 대한 대처 방법 찾아보기 • 눈꽃모양 크리스탈 팜 캔들을 만들어 본다.	15	오염물질과 원인 PPT
전개	**눈꽃모양 크리스탈 팜 캔들 만들기** • 계량한 크리스탈 팜 왁스를 핫플레이트에 녹여 90℃에 맞춘다. • 몰드에 이형제를 분사하여 오일 코팅한다. • 염료와 아로마 향을 첨가한다. • 보티브 또는 유리 용기에 심지를 고정시켜 왁스를 담아 굳힌다.	40	캔들 재료 설명 PPT
정리	**학습 내용 실천 사항** • 녹색성장의 중요성과 친환경적 소비 '에코지능'에 대해 실천 의지를 다진다. • 오늘 배운 캔들 만들기와 사용법을 주변에 알려 함께 쓸 수 있도록 한다. **학습에 대한 질의문답 및 학습 내용 정리** • 대기오염 원인과 건강한 생활에 대한 내용을 상기한다. • 크리스탈 팜 왁스의 특징을 정리해 본다. **차시 예고 및 주변 정리** • 주변을 깨끗이 정리하고 다음 수업을 준비한다.	20	주변 정리

눈꽃모양 크리스탈 팜 캔들

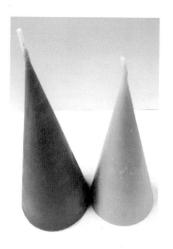

도구 핫플레이트, 저울, 스테인레스비이커, 온도계,
　　스테인레스 시약스푼, 220ml 원뿔형몰드 2개,
　　면심지 4호, 심지탭, 종이컵 250ml 2개
재료 크리스탈 팜 왁스 400g,
　　체리향 10g+파인 10g 에센셜오일 총20g(약5%),
　　초록색염료 약간, 버건디염료 약간

① 핫플레이트에 계량한 왁스를 올려놓는다.

② 원뿔형몰드 중앙에 심지를 넣고 심지구멍을 테이프로 완전히 막아준다.

③ 원뿔형몰드에 이형제를 분사하여 오일 코팅을 한다.

④ 왁스가 투명하게 녹으면 온도를 체크한다.

⑤ 종이컵1에 초록색, 종이컵 2에 버건디 염료를 넣고 에센셜오일을 첨가한다.

⑥ 온도가 90℃가 되면 왁스를 몰드에 부어 주어준다.

⑦ 왁스가 완전히 굳으면 몰드에서 분리한다.

⑧ 심지를 0.7~1cm 정도 남겨 놓고 자른다.

① 크리스탈 팜왁스의 작업온도는 90℃이다.

② 염료는 70℃ 이상에서 잘 녹는다.

③ 일주일정도 숙성시키면 더 부드러운 향을 느낄 수 있다.

④ 몰드에서 분리한 후 트리모양으로 캔들을 꾸며도 좋다.

명상에 좋은 밀납 캔들 만들기

단 원	명상에 좋은 밀납 캔들 만들기	학습대상	초등~성인
교육목표	기후변화, 대기오염의 원인을 알고 천연 재료를 활용한 명상에 좋은 아로마 캔들을 만들어 본다.		
교육효과	밀납의 효능을 알고 캔들 만들기를 통해 가정, 학교에서 환경에 도움이 되는 생활을 한다.		
학습자료	환경 오염, 명상에 좋은 밀납 캔들 설명 PPT		

학습 단계	교수학습활동	시간	자 료
발단	**동기 유발** • 밀납활용의 다양한 방법 • 인공향 캔들보다 천연 아로마 캔들의 좋은점은? **학습 내용 제시** • 인공 캔들과 천연 캔들의 차이점 이해하기 • 기후변화, 대기오염의 원인 알아보기.	15	화학과 생활 외
	학습 목표 제시 • 사람들의 생활이나 활동에 따라 생기는 인위적인 오염 원인에 대해 생각해 본다. • 명상에 좋은 밀납 캔들을 만들 수 있다.	15	환경오염 PPT
전개	**명상에 좋은 밀납 캔들 만들기** • 비즈왁스(밀랍)을 녹인다. • 심지 탭을 활용하여 심지를 중앙에 맞추어 고정시킨다. • 몰드에 이형제를 분사하여 오일 코팅한다. • 온도를 체크해 왁스가 70℃~80℃가 향을 넣는다. • 몰드에 녹은 왁스를 가득 부어준다. • 왁스가 굳으면(2시간이상) 몰드에서 분리한다.	40	밀납캔들 재료 설명 PPT
정리	**학습 내용 실천 사항** • 녹색성장의 중요성과 친환경적 소비 '에코지능'에 대해 실천 의지를 다진다. • 오늘 배운 밀납 캔들 만들기와 사용법을 주변에 알려 함께 쓸 수 있도록 한다. **학습에 대한 질의문답 및 학습 내용 정리** • 대기오염 원인을 상기하고 건강한 생활에 대한 내용을 상기한다. • 밀납의 효능과 사용방법을 정리해 본다. **차시 예고 및 주변 정리** • 주변을 깨끗이 정리하고 다음 수업을 준비한다.	20	주변 정리

명상에 좋은 밀납 캔들

도구 핫플레이트, 저울, 스테인레스비이커, 온도계,
　　　스테인레스 시약스푼, 300ml 원기둥용기,
　　　심지탭, 면심지 6호
재료 밀납(비즈왁스) 300g, 꿀향 10g(생략가능)

① 밀납(비즈왁스)를 계량하여 비이커에 넣는다.

② 핫플레이트에 올려 중불(약 80℃)로 왁스를 녹인다.

③ 원기둥몰드 중앙에 심지를 넣고 심지구멍을 테이프로 완전히 막아준다.

④ 원기둥몰드에 이형제를 분사하여 오일 코팅을 한다.

⑤ 왁스가 투명하게 녹으면 온도를 체크한다.

⑥ 온도가 70~80℃가 되면 꿀향을 넣어 잘 섞어준다.

⑦ 잘 섞인 밀납을 몰드에 부어 주어준다.

⑧ 왁스가 완전히 굳으면 몰드에서 분리한다.

⑨ 심지를 0.7~1cm 정도 남겨 놓고 자른다.

① 밀납 고유의 은은함을 느끼고 싶으면 꿀향을 넣지 않아도 된다.

② 원기둥용기가 없을 경우 음료수나 맥주 캔을 활용한다.

③ 필라캔들을 만들고 싶으면 용기에 이형제를 뿌리고 작업한다.

1) 이형제 : 양초를 몰드에서 분리하기 쉽도록 해주는 스프레이타입 오일
2) 필라캔들 : 별도의 용기 없이 왁스와 심지로만 이루어진 캔들

습기제거·공기정화를 위한 아로마 캔들

단 원	습기제거·공기정화를 위한 아로마 캔들	학습대상	초등~성인
교육목표	기후변화, 대기오염의 원인을 알고 천연 재료를 활용한 명상에 좋은 아로마 캔들을 만들어 본다.		
교육효과	기능성 캔들 만들기를 통해 가정, 학교에서 환경을 지키는 실천방법을 알고 적용해 본다.		
학습자료	환경 오염, 습기제거·공기정화 아로마 캔들 만들기 설명지		

학습 단계	교수학습활동	시간	자 료
발단	**동기 유발** • 여러 가지 향초 사진 찾아보기 • 인공향 캔들보다 천연 아로마 캔들의 좋은점은? **학습 내용 제시** • 인공 캔들과 천연 캔들의 차이점 이해하기 • 기후변화, 대기오염의 원인 알아보기.	15	화학과 생활 외
	학습 목표 제시 • 사람들의 생활이나 활동에 따라 생기는 인위적인 오염 원인에 대해 생각해 본다. • 습기제거·공기정화를 위한 아로마 캔들을 만들 수 있다.	15	환경오염 PPT
전개	**습기제거·공기정화를 위한 아로마 캔들** • 소이 왁스를 계량하여 용기에 담는다. • 핫플레이트에서 왁스를 녹인다. • 용기에 심지를 고정시킨다. • 왁스의 온도가 70℃가 되는지 체크한다. • 염료를 먼저 녹이고 원하는 향을 첨가한다. • 용기에 왁스를 붓고 굳혀 사용한다.	40	아로마 캔들 재료 설명 PPT
정리	**학습 내용 실천 사항** • 녹색성장의 중요성과 친환경적 소비 '에코지능'에 대해 실천 의지를 다진다. • 오늘 배운 습기제거·공기정화를 위한 아로마 캔들 만들기와 사용법을 주변에 알려 함께 쓸 수 있도록 한다 **학습에 대한 질의문답 및 학습 내용 정리** • 오염 원인을 상기하고 건강한 생활에 대한 내용을 상기한다. • 가정에서 사용되는 공기정화, 습기제거 방법을 정리해 본다. **차시 예고 및 주변 정리** • 주변을 깨끗이 정리하고 다음 수업을 준비한다.	20	주변 정리

습기제거·공기정화를 위한 아로마 캔들

도구 핫플레이트, 저울, 스테인레스비이커, 온도계,
     스테인레스 시약스푼, 300ml 유리용기,
     면심지 6호, 심지탭
재료 소이왁스 300g, 레몬 10g+유칼리툽스 5g+
     페퍼민트 3g 에센셜오일 총18g(약 6%),
     염료 약간

1. 소이왁스를 계량하여 비이커에 넣는다.
2. 핫플레이트에 올려 중불(약 80℃)로 왁스를 녹인다.
3. 유리용기 중앙에 글루건으로 심지탭을 고정시킨다.
4. 왁스가 투명하게 녹으면 온도를 체크한다.
5. 온도가 60~70℃가 되면 염료와 에센셜오일을 넣는다.
6. 시약스푼으로 잘 섞고 용기에 부어준다.
7. 왁스가 완전히 굳을 때까지 움직이지 않는다.
8. 심지를 0.7~1cm 정도 남겨 놓고 자른다.

1. 소이왁스가 녹는 온도는 보통 50~55℃이다.
2. 에센셜오일은 5~8%를 넘지 않도록한다.
3. 일주일정도 숙성시키면 더 부드러운 향을 느낄 수 있다.
4. 용기사이즈에 따른 심지를 잘 선택한다. (종이컵 기준 3호)

불면증에 좋은 아로마 캔들

단 원	불면증에 좋은 아로마 캔들		학습대상	·초등~성인
교육목표	기후변화, 대기오염의 원인을 알고 천연 재료를 활용한 불면증에 좋은 아로마 캔들을 만들어 본다.			
교육효과	기능성 재료를 활용한 캔들 만들기를 할 수 있다.			
학습자료	불면증에 좋은 아로마 캔들 만들기 설명지			

학습 단계	교수학습활동	시간	자 료
발단	**동기 유발** • 에센셜오일의 다양한 효능 • 인공향 캔들보다 천연 아로마 캔들의 좋은점은? **학습 내용 제시** • 인공 캔들과 천연 캔들의 차이점 이해하기 • 기후변화, 대기오염의 원인 알아보기.	15	화학과 생활 외
	학습 목표 제시 • 사람들의 생활이나 활동에 따라 생기는 인위적인 오염 원인에 대해 생각해 본다. • 습기제거·공기정화를 위한 아로마 캔들을 만들 수 있다.	15	환경오염 PPT
전개	**불면증에 좋은 아로마 캔들 만들기** • 소이왁스를 계량하여 용기에 담는다. • 핫플레이트에서 소이왁스를 녹인다. • 용기에 심지를 고정시킨다. • 70℃에 온도를 맞춘 소이 왁스에 염료를 넣어준다. • 원하는 향을 첨가하고 용기에 부어준다.	40	아로마 캔들 재료 설명 PPT
정리	**학습 내용 실천 사항** • 녹색성장의 중요성과 친환경적 소비 '에코지능'에 대해 실천 의지를 다진다. • 오늘 배운 불면증에 좋은 아로마 캔들 만들기와 사용법을 주변에 알려 함께 쓸 수 있도록 한다. **학습에 대한 질의문답 및 학습 내용 정리** • 대기오염 원인을 상기하고 건강한 생활에 대한 내용을 상기한다. • 불면증에 도움이 되는 재료를 정리해 본다. **차시 예고 및 주변 정리** • 주변을 깨끗이 정리하고 다음 수업을 준비한다.	20	주변 정리

불면증에 도움이 되는 아로마 캔들

준비

도구 핫플레이트, 저울, 스테인레스비이커,
　　　온도계, 스테인레스 시약스푼,
　　　300ml 유리용기, 나무심지
재료 소이왁스 300g, 라벤더 10g+
　　　마조람 5g+샌달우드 3g 에센셜오일
　　　총18g(약6%), 염료 약간

만들기

① 소이왁스를 계량하여 비이커에 넣는다.

② 핫플레이트에 올려 중불(약80℃)로 왁스를 녹인다.

③ 용기 중앙에 글루건으로 심지탭을 고정시킨다.

④ 왁스가 투명하게 녹으면 온도를 체크한다.

⑤ 온도가 60~70℃가 되면 염료와 에센셜오일을 넣는다.

⑥ 시약스푼으로 잘 섞고 용기에 부어준다.

⑦ 왁스가 완전히 굳을 때까지 움직이지 않는다.

TIP

① 소이왁스가 녹는 온도는 보통 50℃~55℃이다.

② 에센셜오일은 5~8%를 넘지 않도록한다.

③ 일주일정도 숙성시키면 더 부드러운 향을 느낄 수 있다.

④ 용기사이즈에 따른 심지를 잘 선택한다. (종이컵 기준 3호)

제철과일 활용 효소음료 만들기

단 원	제철과일 활용 효소음료 만들기	학습대상	유아~성인
교육목표	효소의 원리를 알고 계절 효소음료를 만들어 본다.		
교육효과	계절 식물과 과일로 효소음료를 만들고 효과를 알아본다.		
학습자료	계절 식물, 과일 사진, 효소음료 설명지		

학습 단계	교수학습활동	시간	자 료
발단	**동기 유발** • 사계절의 식물과 과일이 잘 드러난 사진을 찾아본다. • 좋아하는 과일과 식물에 대해 말해본다. **학습 내용 제시** • 사계절 사진을 보고 계절의 특징과 계절 식물, 과일에 대해 알아본다. • 계절 재료를 활용한 효소음료 만들고 맛보기	15	환경과 생활
	학습 목표 제시 • 계절 과일과 식물의 종류와 특징을 알 수 있다. • 효소의 원리를 알고 계절 효소음료를 만들 수 있다.	15	계절 효소 PPT
전개	**효소음료 만들기** • 계절 과일을 준비한다. • 사각통에 과일과 설탕을 1:1로 넣고 잘 섞는다. • 설탕에 버무린 과일을 준비한 용기에 3분의 2정도만 채우고 나머지 부분은 설탕으로 채운다.	40	효소음료 설명 PPT
정리	**학습 내용 실천 사항** • 계절의 변화를 이해하고 봄나물을 찾아본다. • 효소의 원리를 알고 효소음료를 맛본다. **학습에 대한 질의문답 및 학습 내용 정리** • 계절적 특징을 살펴보고 제철음식을 기억해 본다. • 건강한 생활에 대한 내용을 상기한다. **차시 예고 및 주변 정리** • 주변을 깨끗이 정리하고 다음 수업을 준비한다.	20	주변 정리

허브를 이용한 **푸딩젤리 만들기**

단 원	허브를 이용한 푸딩젤리 만들기	학습대상	유아~성인
교육목표	허브의 종류를 알고 특성을 살린 푸딩젤리를 만들어 본다.		
교육효과	허브를 이해하고 푸딩젤리를 만들 수 있다.		
학습자료	계절 변화 사진 및 설명지, 새싹 샐러드 만들기 설명지		

학습 단계	교수학습활동	시간	자 료
발단	**동기 유발** • 허브 사진 찾아보기 • 허브의 종류와 특성 알아보기 **학습 내용 제시** • 허브의 종류와 특성에 맞는 활용법 알아본다. • 허브를 이용한 푸딩젤리 만들기	15	환경과 생활
	학습 목표 제시 • 허브의 종류를 알고 특성을 알 수 있다. • 계절의 변화를 알 수 있는 식물을 찾아본다.	15	계절 PPT

전개	**오감체험 허브 이용한 푸딩젤리 만들기**
	• 계절에 맞는 과일을 선택한 후 과일의 즙을 짜서 설탕과 과일즙을
	  잘 섞는다.
	• 설탕과 과일즙을 전자레인지에 넣고 2분 정도 돌린 후 따끈하게
	  만든다.
	• 불린 젤라틴은 물기를 꼭 짜서 데우고, 과일즙에 넣어 잘 섞는다.
	• 용기에 젤리액을 붓고 과육을 토핑한 후 냉장고에서 2~3시간 굳힌
	  후 허브를 올린다.
		40	허브푸딩
			재료 설명
			PPT

정리	**학습 내용 실천 사항** • 계절의 변화를 이해하고 계절 식물을 찾아본다. • 계절에 맞는 제철 과일에 어울리는 음식을 만들어 본다. **학습에 대한 질의문답 및 학습 내용 정리** • 계절적 특징을 살펴보고 제철음식을 기억해 본다. • 건강한 생활에 대한 내용을 상기한다. **차시 예고 및 주변 정리** • 주변을 깨끗이 정리하고 다음 수업을 준비한다.	20	주변 정리

토마토 핑거푸드 만들기

단 원	토마토 핑거푸드 만들기	학습대상	유아~성인
교육목표	저탄소 먹거리의 중요성을 알고 토마토 핑거푸드를 만들어 본다.		
교육효과	토마토의 특징을 알아보고 핑거푸드를 만든다.		
학습자료	토마토 사진, 설명지		

학습 단계	교수학습활동	시간	자 료
발단	**동기 유발** • 토마토는 과일일까? 채소일까? • 토마토의 종류를 알아보고 사진을 찾아본다. **학습 내용 제시** • 토마토와 잘 어울리는 재료를 찾아보고 토마토로 만든 음식들을 알아보고 핑거푸드를 만들 수 있다.	15	환경과 생활
	학습 목표 제시 • 저탄소 가까운 먹거리의 중요성을 안다. • 다양한 재료를 활용한 토마토 핑거푸드를 만들 수 있다.	15	계절 PPT
전개	**토마토 핑거푸드 만들기** • 방울 토마토를 깨끗하게 씻어 꼭지를 딴다. • 꼭지를 딴 토마토를 3분의 2정도 자른다. • 크림치즈와 요거트를 1:3 비율로 잘 섞어 짤주머니에 넣는다. • 방울토마토 안에 크림치즈와 요거트를 짜 넣은 후 어린새싹을 넣어 완성한다.	40	핑거푸드 설명 PPT
정리	**학습 내용 실천 사항** • 녹색성장의 중요성과 친환경적 소비 '에코지능'에 대해 실천 의지를 다진다. **학습에 대한 질의문답 및 학습 내용 정리** • 저탄소, 가까운 먹거리의 중요성을 기억한다. • 건강한 생활에 대한 내용을 상기한다. **차시 예고 및 주변 정리** • 주변을 깨끗이 정리하고 다음 수업을 준비한다.	20	주변 정리

제철음식 **봄나물** 맛보기

단 원	제철음식 봄나물 맛보기	학습대상	유아~성인
교육목표	제철음식인 봄나물을 맛보고 계절 식물을 알아본다.		
교육효과	제철음식을 통해 계절의 특징을 알아본다.		
학습자료	계절 변화 사진 및 설명지, 봄나물 설명지		

학습 단계	교수학습활동	시간	자료
발단	**동기 유발** • 계절적 특징이 나타난 사진을 보고 봄의 특징을 알아본다. **학습 내용 제시** • 사계절이 나타난 사진 중에서 봄의 특징이 나타난 사진을 골라 계절의 특징을 찾아본다. • 봄 제철음식을 알아보고 맛보기	15	환경과 생활
발단	**학습 목표 제시** • 봄에 맞는 제철음식을 알아보고 맛본다. • 계절의 변화를 알 수 있는 식물을 찾아본다.	15	계절특징 PPT
전개	**봄나물 만들기** • 방풍나물 줄기의 억센 부분 제거하고 손질한 뒤 깨끗이 씻어 준비한다. • 참기름, 다진 파, 된장, 고추장, 간장, 깨소금, 다진 마늘을 섞어 양념장을 만든다. • 끓는 물에 소금을 넣고 방풍나물을 2분간 데친 후 찬물에 헹구고 물기를 뺀다. • 손으로 남은 물기를 짠 뒤 양념을 넣고 무친다.	40	봄나물 설명 PPT
정리	**학습 내용 실천 사항** • 계절의 변화를 이해하고 봄나물을 찾아본다. • 봄에 맞는 제철 음식을 맛본다. **학습에 대한 질의문답 및 학습 내용 정리** • 계절적 특징을 살펴보고 제철음식을 기억해 본다. • 건강한 생활에 대한 내용을 상기한다. **차시 예고 및 주변 정리** • 주변을 깨끗이 정리하고 다음 수업을 준비한다.	20	주변 정리

오감체험 새싹 샐러드 만들기

단 원	오감체험 새싹 샐러드 만들기		학습대상	유아~성인
교육목표	봄의 특징을 알고 새싹 샐러드를 만들어 본다.			
교육효과	봄의 특징을 알고 계절에 맞는 새싹 샐러드를 만들 수 있다.			
학습자료	계절 변화 사진 및 설명지, 새싹 샐러드 만들기 설명지.			

학습 단계	교수학습활동	시간	자 료
발단	**동기 유발** • 사진을 통해 계절적 특징을 찾아 본다. • 계절적 특징이 나타난 사진을 보고 봄의 특징을 알아본다. **학습 내용 제시** • 사계절이 나타난 사진 중에서 봄의 특징이 나타난 사진을 골라 계절의 특징을 찾아본다. • 봄 새싹채소를 활용해 샐러드 만들기	15	환경과 생활
	학습 목표 제시 • 봄에 맞는 제철 새싹채소를 알아보고 샐러드를 만들어 본다. • 계절의 변화를 알 수 있는 식물을 찾아본다.	15	계절특징 PPT
전개	**오감체험 새싹 샐러드 만들기** • 순두부, 새싹 채소, 간장, 식초, 설탕, 유자청 또는 매실청, 레몬을 준비한다. • 순두부를 동그랗게 잘라 준비한다. • 순두부에 새싹채소를 올린다. • 간장, 식초, 설탕, 유자청(매실청, 레몬)을 약간 넣어 양념장을 만들어 위에 뿌려준다.	40	새싹 샐러드 재료 설명 PPT
정리	**학습 내용 실천 사항** • 계절의 변화를 이해하고 주변의 변화를 느껴본다. • 봄에 맞는 식물과 제철 음식을 찾아본다. **학습에 대한 질의문답 및 학습 내용 정리** • 계절적 특징을 살펴보고 제철음식을 기억해 본다. • 건강한 생활에 대한 내용을 상기한다. **차시 예고 및 주변 정리** • 주변을 깨끗이 정리하고 다음 수업을 준비한다.	20	주변 정리

PET병 수경식물재배기 만들기

단 원	PET병 다시보기	학습대상	초등~성인

교육목표	PET병을 활용하여 생활용품 수경식물재배기 만들기를 해본다.
교육효과	환경 친화적 삶의 중요성을 알고, 현명한 소비자가 된다.
학습자료	1.8리터 PET병, 칼 or 가위, 리본, 글루건, 크리스탈볼, 식물

학습 단계	교수학습활동	시간	자료
발단	**동기 유발** • 학교에서 가정에서 쓰는 일회용품 생각해보기 • 재료를 알아보고 만드는 방법 알아보기 **학습 내용 제시** • 환경오염의 원인 및 기후 변화가 미치는 영향을 알아보자. • PET병 수경식물재배기 만드는 방법을 알고 만들어 본다.	15	환경과 생활
	학습 목표 제시 • 사람들의 생활이나 활동에 따라 생기는 일회용품에 대해 생각해 본다. • 학교, 가정에서 사용 후 버려지는 일회용품을 줄일 수 있는 방법 찾아보기 • PET병 수경식물재배기 만들기	15	친환경 실천 PPT
전개	**PET병 수경식물재배기 만들기** • 주변에서 쉽게 구할 수 있는 PET병을 준비한다. • 칼이나 가위로 원하는 모양을 디자인한다. • 안쪽에 크리스탈볼이나 색깔돌로 장식한다. • 원하는 식물을 골라 흙을 털어주고, 물로 깨끗이 씻어준다. • 뿌리를 잘 고정시켜준다.	40	재료 설명 PPT
정리	**학습 내용 실천 사항** • 녹색성장의 중요성과 친환경적 소비 '에코지능'에 대해 실천 의지를 다진다. **학습에 대한 질의문답 및 학습 내용 정리** • 오늘 배운 PET병 수경식물재배기 사용법을 주변에 알려 함께 쓸 수 있도록 한다. • 오염 원인을 상기하고 건강한 생활에 대한 내용을 상기한다. **차시 예고 및 주변 정리** • 주변을 깨끗이 정리하고 다음 수업을 준비한다.	20	주변 정리

리사이클 실천 PET병 심지화분

단　　원	리사이클 실천 PET병 심지화분	학습대상	초등~성인
교육목표	리사이클의 실천 방법으로 PET병을 활용한 심지화분을 만들어 본다.		
교육효과	리사이클의 의미를 알고 실생활에 실천 할 수 있다.		
학습자료	리사이클 관련 PPT 및 자료, PET병 심지화분 설명지		

학습 단계	교수학습활동	시간	자　료
발단	**동기 유발** • 리사이클 실천 방법에는 무엇이 있을까? • PET병 리사이클 제품 찾아보기 **학습 내용 제시** • 실생활에서 리사이클 실천 방법 찾아보기 • 식물에 맞게 PET병을 재활용한 화분 만들기	15	환경과 생활
	학습 목표 제시 • 리사이클의 의미를 알고 실천 할 수 있다. • 리사이클 PET병을 활용하여 심지화분을 만들어 식물을 재배 할 수 있다.	15	숲, 식물 사진 PPT
전개	**PET병을 활용한 리사이클 심지 화분 만들기** • 식물을 심을 수 있도록 PET병이 두 개가 되도록 칼로 자른 후 단면을 가위로 다듬는다. • 주둥이가 있는 PET병 모양에 거즈를 길게 만들어 넣고 주둥이 쪽으로 빼내어 준비한다. • 거즈가 담긴 PET병에 흙을 채우면서 식물을 심는다. • 잘라 놓은 다른 PET병에 물을 담고 식물을 심은 PET병을 올려 놓는다.	40	PET병 심지화분 재료 PPT
정리	**학습 내용 실천 사항** • 리사이클의 의미 이해하고 실생활에서 실천한다. • PET병을 재활용한 심지화분을 만들 수 있다. **학습에 대한 질의문답 및 학습 내용 정리** • 주변의 재활용이 가능한 제품들을 찾아보고 활용방법을 생각해 본다. **차시 예고 및 주변 정리** • 주변을 깨끗이 정리하고 다음 수업을 준비한다.	20	주변 정리

리싸이클 실천 재생종이 만들기

단 원	리사이클 실천 재생종이 만들기	학습대상	유아~성인
교육목표	이면지, 신문을 활용한 재생종이를 만들어 본다.		
교육효과	리사이클의 의미를 알고 실생활에 실천한다.		
학습자료	리사이클 관련 PPT 및 자료, 종이재생 만들기 설명지		

학습 단계	교수학습활동	시간	자료
발단	**동기 유발** • 재생종이는 어떤 재료로 어떻게 만들 수 있을까? • 재생종이를 활용할 수 있는 제품 및 방법 찾아보기 **학습 내용 제시** • 리사이클의 의미를 알고 실생활 실천 방법 찾아보기 • 사용 후 버려진 종이를 재활용하여 재생종이 만들기	15	환경과 생활
	학습 목표 제시 • 자원순환의 의미와 실천 방법을 알 수 있다. • 사용 후 버려진 종이, 이면지를 활용하여 재생종이를 만들 수 있다.	15	리사이클, 자원순환 PPT
전개	**버려진 종이, 이면지를 활용한 재생종이 만들기** • 버려진 종이, 이면지, 신문 등을 모아 물에 불리고 믹서기로 곱게 갈아 준다. • 원하는 색의 물감을 넣어 물을 만들고 믹서기로 갈은 종이죽과 섞는다. • 뜰채로 종이죽을 떠서 얇고 고르게 펴 준다. • 신문지로 물기를 제거한 후에 다리미로 종이를 말린다.	40	재생종이 만들기 PPT
정리	**학습 내용 실천 사항** • 리사이클의 의미를 이해하고 실생활에서 실천한다. • 종이 분리 배출을 실천한다. **학습에 대한 질의문답 및 학습 내용 정리** • 주변의 재활용이 가능한 제품들을 찾아보고 활용방법을 생각해 본다. **차시 예고 및 주변 정리** • 주변을 깨끗이 정리하고 다음 수업을 준비한다.	20	주변 정리

리싸이클링 에코 악세사리 만들기

단 원	리사이클링 - 에코 악세사리 만들기	학습대상	초등~성인
교육목표	리사이클의 의미를 알고 에코 악세사리를 만들어 본다.		
교육효과	쓰레기 및 재활용품을 분류하는 방법을 알 수 있다. 리사이클링을 통한 자원순환을 실천할 수 있다.		
학습자료	쓰레기 종류별 분리 배출 설명지, 리사이클 제품 PPT		

학습 단계	교수학습활동	시간	자 료
발단	**동기 유발** • 분리배출 및 분리수거 방법 찾아보기 • 자원순환을 통한 환경 보호 실천 방법 알아보기 **학습 내용 제시** • 리사이클 실천 에코 악세사리 만들기 • 자원순환을 이해하고 실천방법 알아보기	15	환경과 생활
	학습 목표 제시 • 쓰레기 및 재활용품을 종류에 따라 분류할 수 있다. • 리사이클을 이해하고 에코 악세사리를 만들 수 있다.	15	자원순환 PPT
전개	**에코 악세사리 만들기** • 도토리 쪽정이를 준비한다. • 도토리의 윗부분 가운데 구멍을 뚫어 목공풀을 이용해 핀을 고정시킨다. • 도토리 쪽정이 안에 목공풀을 칠하고 은행알을 끼워 넣은 후 고정시킨다. • 도토리에 그림을 그려 완성한다.	40	에코 악세사리 설명 PPT
정리	**학습 내용 실천 사항** • 리사이클의 의미를 알고 실생활에서 실천하기 • 새로운 에코 악세사리 만들 아이디어 찾아보기 **학습에 대한 질의문답 및 학습 내용 정리** • 오늘 배운 쓰레기 분리배출을 실천해 본다. **차시 예고 및 주변 정리** • 주변을 깨끗이 정리하고 다음 수업을 준비한다.	20	주변 정리

리사이클링 에코 열쇠고리 만들기

단 원	리사이클링 에코 열쇠고리 만들기	학습대상	유아~성인
교육목표	리사이클의 의미를 알고 에코 열쇠고리를 만들어본다.		
교육효과	쓰레기 및 재활용품을 분류하는 방법을 알고 실천한다. 리사이클링을 통한 자원순환 방법을 알 수 있다.		
학습자료	열쇠고리 재료 설명지, 리사이클 제품 PPT		

학습 단계	교수학습활동	시간	자 료
발단	**동기 유발** • 분리배출 및 분리수거의 중요성을 생각하기 • 자원순환을 통한 환경 보호 실천하기 **학습 내용 제시** • 쓰레기 종류별 분리 배출 방법 알아보기 • 자원순환을 이해하고 실천방법 알아보기	15	환경과 생활
	학습 목표 제시 • 쓰레기 및 재활용품을 종류에 따라 분류할 수 있다. • 리사이클 실천 에코 열쇠고리를 만들 수 있다.	15	리사이클 PPT
전개	**에코 열쇠고리 만들기_요구르트병 활용** • 요구르트병의 물기를 제거한 후 뜨거운 물에 넣었다가 뺀다. • 요구르트병이 식으면 겉면에 그림을 그려 꾸민다. • 꾸미기가 완성된 요구르트병에 구멍을 뚫고 고리를 걸어 완성한다.	40	에코 열쇠고리 PPT
정리	**학습 내용 실천 사항** • 리사이클의 의미를 알고 실생활에서 실천한다. • 더 이상 사용하지 않는 물건을 활용한 에코 열쇠고리를 만들어 사용한다. **학습에 대한 질의문답 및 학습 내용 정리** • 오늘 배운 쓰레기 분리 배출을 실천해 본다. • 환경보호 실천 방법을 찾아보고 활용한다. **차시 예고 및 주변 정리** • 주변을 깨끗이 정리하고 다음 수업을 준비한다.	20	주변 정리

리사이클링 커피박 스크럽 만들기

단 원	리사이클링 커피박 스크럽		학습대상	초등~성인
교육목표	커피박 스크럽을 만들어 리사이클을 실천해본다.			
교육효과	리사이클링의 의미를 알고 커피박 스크럽을 만들어 본다. 가정, 학교에서 환경을 지키는 실천방법을 알고 적용해 본다.			
학습자료	커피박 스크럽 만들기 설명지			

학습 단계	교수학습활동	시간	자 료
발단	**동기 유발** • 리사이클링의 의미를 알고 다양한 제품 찾아보기 • 커피박 스크럽을 만들어 환경보호 실천하기 **학습 내용 제시** • 쓰레기 종류별 분리 배출 방법 알아보기 • 자원순환을 이해하고 실천방법 알아보기	15	환경과 생활
	학습 목표 제시 • 쓰레기 및 재활용품을 종류에 따라 분류할 수 있다. • 리사이클링 커피박 스크럽을 만들 수 있다.	15	자원순환 사진 PPT

전개	**리사이클링 커피박 스크럽 만들기**
	• 해바라기씨오일, 올리브 리퀴드, 에센셜오일을 계량하여 용기에
	  담아 섞는다.
	• 그린클레이, 마사지 소금을 잘 섞는다.
	• 원두커피 찌꺼기를 넣고 섞은 후 오트밀가루를 첨가하여 점도를
	  맞춰 섞는다.
		40	커피박
			스크럽
			재료 설명
			PPT

정리	**학습 내용 실천 사항** • 커피박을 재활용한 제품을 만들어 사용할 수 있다. • 리사이클의 의미를 알고 실생활에서 실천할 한다. **학습에 대한 질의문답 및 학습 내용 정리** • 오늘 배운 리사이클링 커피박 스크럽 만드는 방법 • 커피박을 활용한 리사이클 방법 찾아 실천한다. **차시 예고 및 주변 정리** • 주변을 깨끗이 정리하고 다음 수업을 준비한다.	20	주변 정리

사계절의 특징과 계절 식물

단 원	사계절의 특징과 계절 식물	학습대상	유아~성인
교육목표	사계절의 특징을 알고 계절 식물을 알고 그려본다.		
교육효과	계절에 따른 계절 식물의 특징을 안다.		
학습자료	계절 사진, 식물 사진 및 설명지		

학습 단계	교수학습활동	시간	자 료
발단	**동기 유발** • 계절별 특징이 잘 드러난 사진 PPT 보기 • 계절 식물을 사진으로 찾아보기 **학습 내용 제시** • 사계절이 나타난 사진을 계절별로 분류하기 • 식물의 특징을 알아보고 계절별로 나누기	15	환경과 생활
	학습 목표 제시 • 계절의 특징을 알 수 있다. • 계절의 모습이 나타난 사진을 보고 계절 식물을 알 수 있다.	15	계절식물 PPT
전개	**계절 식물 그리기** • 계절별 특징이 드러난 사진을 고른다. • 사진에서 자신이 좋아하는 식물을 골라 특징을 파악한다. • 식물을 스케치하고 다양한 방법과 재료로 표현해 본다. (색연필, 싸인펜, 포스터 물감. 볼펜) • 식물 그림의 특징과 함께 발표하기	40	계절식물 그리기 PPT
정리	**학습 내용 실천 사항** • 계절의 특징을 알고 계절별 차이를 안다. • 식물의 특징을 알고 계절적 분류를 해 보기 **학습에 대한 질의문답 및 학습 내용 정리** • 계절에 따른 식물의 특징을 알고 말하기 • 식물 그림 발표하기 **차시 예고 및 주변 정리** • 주변을 깨끗이 정리하고 다음 수업을 준비한다.	20	주변 정리

팥으로 친환경 손난로 만들기

단 원	팥으로 친환경 손난로 만들기	학습대상	유아~성인
교육목표	손난로의 원리와 방법을 알고 팥으로 친환경 손난로를 만들어 본다.		
교육효과	손난로의 원리를 알고 팥을 활용한 친환경 손난로를 만든다. 가정, 학교에서 환경을 지키는 실천방법을 알고 적용해 본다.		
학습자료	손난로 만들기 설명지		

학습 단계	교수학습활동	시간	자 료
발단	**동기 유발** • 팥을 관찰하고 팥의 특징을 찾아보기 • 팥으로 손난로를 만드는 이유는 무엇일까? **학습 내용 제시** • 팥을 활용한 친환경 손난로를 만든다. • 가정, 학교에서 환경을 지키는 실천방법을 알아본다.	15	환경과 생활
	학습 목표 제시 • 손난로의 원리와 방법을 알아보고 팥의 특징을 살려 친환경 손난로를 만든다.	15	팥, 손난로 PPT
전개	**손난로 팥 주머니 만들기** • 팥을 볕이나 전자레인지로 바짝 건조시킨다. • 자투리 천이나 사용하지 않는 양말을 활용하여 팥 주머니를 만든다. • 주머니에 팥을 넣고 입구를 꿰맨다. • 완성된 팥 주머니를 전자렌지에 30초 정도 돌린 후 사용한다.	40	팥 손난로 재료 설명 PPT
정리	**학습 내용 실천 사항** • 손난로의 원리를 이해하고 친환경 팥 손난로를 만들어 사용한다. • 친환경 손난로의 장점을 주변에 알려 함께 사용한다. **학습에 대한 질의문답 및 학습 내용 정리** • 팥 손난로를 만드는 방법 • 환경을 보호할 수 있는 다양한 방법 찾아보기 **차시 예고 및 주변 정리** • 주변을 깨끗이 정리하고 다음 수업을 준비한다.	20	주변 정리

식물구조알기 _ 타일그림 그리기

단 원	식물구조알기 - 타일그림		학습대상	유아~성인
교육목표	식물구조를 알고 타일그림을 그려본다.			
교육효과	주변의 식물을 찾아보고 구조와 기능을 알 수 있다.			
학습자료	식물구조 사진 및 설명지, 타일그림 설명지			

학습 단계	교수학습활동	시간	자 료
발단	**동기 유발** • 계절별 특징이 잘 드러난 사진 자료 • 숲과 나무, 잎 등 식물의 구조를 알 수 있는 자료 **학습 내용 제시** • 사계절이 나타난 사진을 계절별로 분류하기 • 식물의 특징을 알아보고 계절별로 나누기	15	환경과 생활
	학습 목표 제시 • 식물구조와 기능을 알 수 있다. • 식물구조를 타일그림으로 그릴 수 있다.	15	식물사진 PPT
전개	**식물구조 타일그림** • 식물구조가 잘 나타난 그림이나 사진을 찾아본다. • 식물구조를 자세히 관찰하고 특징을 파악한다. • 타일에 식물구조 스케치하기 • 스케치한 그림에 색칠하기	40	타일 그림 설명 PPT
정리	**학습 내용 실천 사항** • 오늘 배운 천연 식물구조 타일 그림을 응용하여 작품 만들기 • 식물구조를 이해하고 타일그림으로 표현하기 **학습에 대한 질의문답 및 학습 내용 정리** • 계절별 식물 사진을 찾아보고 구별해보기 • 식물을 관찰하기 다양한 식물구조 알기 **차시 예고 및 주변 정리** • 주변을 깨끗이 정리하고 다음 수업을 준비한다.	20	주변 정리

식물세밀화 타일에 그리기

단 원	식물세밀화 그리기		학습대상	유아~성인
교육목표	식물의 구조와 특징을 알고 세밀화를 그려본다.			
교육효과	식물을 자세히 관찰하고 특징을 이해할 수 있다.			
학습자료	주변식물 또는 식물 사진, 타일, 유성매직			

학습 단계	교수학습활동	시간	자 료
발단	**동기 유발** • 식물도감 등 계절별 식물 사진 자료 찾아보기 • 식물을 자세히 관찰하고 특징 및 구조 파악하기 **학습 내용 제시** • 계절별 식물의 특징을 이해하고 구조 알아보기 • 식물의 구조를 알고 세밀화로 표현해 보기	15	환경과 생활
	학습 목표 제시 • 식물구조와 특징을 알 수 있다. • 식물 세밀화를 그릴 수 있다.	15	숲, 식물, 사진 PPT
전개	**식물 세밀화 그리기** • 주변에서 쉽게 구할 수 있는 식물 찾아오기 • 식물을 자세하게 관찰하고 특징 파악하기 • 관찰한 식물을 타일에 그리기 • 식물의 특징 등을 기록으로 남기기	40	식물 세밀화 설명 PPT
정리	**학습 내용 실천 사항** • 주변에서 접할 수 있는 식물을 관찰하기 • 식물의 특징을 알고 세밀화로 표현해 본다. **학습에 대한 질의문답 및 학습 내용 정리** • 계절별 식물의 차이점 알기 • 식물 세밀화 그리기를 통해 특징을 알 수 있다. **차시 예고 및 주변 정리** • 주변을 깨끗이 정리하고 다음 수업을 준비한다.	20	주변 정리

자연물 활용 **나무시계** 만들기

단 원	자연물 활용 나무시계 만들기	학습대상	유아~성인
교육목표	자연물을 활용한 나무시계를 만들어 본다.		
교육효과	나무와 숲의 중요성을 알고 환경 보호를 실천 할 수 있다.		
학습자료	나무, 숲 자료, 나무시계 만들기 설명지		

학습 단계	교수학습활동	시간	자 료
발단	**동기 유발** • 사진 및 자료를 통해 나무와 숲의 중요성 알아보기 • 자연물 활용 나무시계를 만들 수 있다. **학습 내용 제시** • 숲과 나무를 지키는 실천 방법 찾아보기 • 자연에서 얻은 나무를 활용한 시계 만들기	15	환경과 생활
	학습 목표 제시 • 숲과 나무 환경보호 실천 방법을 알 수 있다. • 사용하지 않는 자연물과 나무를 활용하여 시계를 만들 수 있다.	15	나무, 자원순환 PPT
전개	**자연물 활용 나무시계 만들기** • 버려진 나무를 준비하고 다듬어 준비한다. • 나무에 시계 숫자를 적는다. • 그림을 그려 나무 시계판을 꾸민다. • 뒷판에 무브먼트를 끼우고 앞판에 시계침들을 차례로 꽂아 준다.	40	나무시계 재료 설명 PPT
정리	**학습 내용 실천 사항** • 나무와 숲의 중요성을 알고 실생활에서 환경 보호를 실천한다. • 자연물을 활용한 나무시계를 만들 수 있다. **학습에 대한 질의문답 및 학습 내용 정리** • 주변의 자연물, 나무를 이용한 제품들을 찾아보고 활용방법을 생각해 본다. **차시 예고 및 주변 정리** • 주변을 깨끗이 정리하고 다음 수업을 준비한다.	20	주변 정리

자연물 활용 꽃누르미 책갈피 만들기

단 원	자연물 활용 꽃누르미 책갈피 만들기	학습대상	유아~성인
교육목표	자연물을 활용하여 꽃누르미 책갈피를 만들어 본다.		
교육효과	꽃과 식물들의 특성을 알고 꽃누르미 책갈피를 만들어 본다. 가정, 학교에서 환경을 지키는 실천방법을 알고 적용해 본다.		
학습자료	꽃누르미 책갈피 만들기 설명지		

학습 단계	교수학습활동	시간	자 료
발단	**동기 유발** • 계절 식물, 꽃이 잘 나타난 사진 보기 • 꽃누르미 책갈피의 다양한 사진을 찾아 보기 **학습 내용 제시** • 계절 식물과 야생화 자료를 살펴보고 자연을 보호할 수 있는 실천방법을 알아본다. • 책갈피 만드는 방법을 알고 꽃누르미 책갈피를 만든다.	15	환경과 생활
	학습 목표 제시 • 환경을 지키는 방법을 알고 실천할 수 있다. • 꽃누르미 책갈피를 만들 수 있다.	15	숲, 식물 사진 PPT
전개	**봄나물 만들기** • 야생화를 채취하여 두꺼운 책으로 눌러 납작하게 모양을 잡는다. • 코팅지에 야생화와 크기에 맞는 천이나 종이를 활용하여 고정 시킨 후 코팅을 한다. • 코팅이 완료되면 펀치로 뚫은 후 끈을 단다.	40	책누르미 설명 PPT
정리	**학습 내용 실천 사항** • 야생화를 관찰하고 그림을 첨가하거나, 색 종이를 활용하여 꽃누르미 책갈피를 다양하게 만들어 본다. **학습에 대한 질의문답 및 학습 내용 정리** • 꽃 외의 책갈피로 만들 수 있는 식물을 찾아본다. • 계절에 따른 다양한 야생화를 관찰하고 특징을 알아본다. **차시 예고 및 주변 정리** • 주변을 깨끗이 정리하고 다음 수업을 준비한다.	20	주변 정리

생태미술 재생종이 그림 나무활용 그림

단 원	생태미술 재생종이 그림 나무활용 그림	학습대상	유아~성인
교육목표	재생종이, 나무를 활용하여 생태미술 그림을 그려본다.		
교육효과	리사이클의 의미를 알고 실생활에 실천 할 수 있다.		
학습자료	리사이클 관련 ppt 및 자료, 생태미술 그림 그리기 설명지		

학습 단계	교수학습활동	시간	자료
발단	**동기 유발** • 리사이클의 의미를 알아보고 장점 말해보기 • 재생종이를 활용한 제품 찾아보기 **학습 내용 제시** • 리사이클의 의미를 알고 실생활 실천 방법 찾아보기 • 재생종이. 나무를 활용하여 생태미술, 그림 그리기	15	환경과 생활
	학습 목표 제시 • 자원순환의 의미와 실천 방법을 알 수 있다. • 재생종이, 나무를 활용하여 그림을 그릴 수 있다.	15	나 무 자원순환 PPT
전개	**재생종이, 나무를 활용하여 생태미술** • 신문지 또는 이면지를 활용한 재생종이를 준비한다. • 재생종이에 그림을 그린다. • 나무를 활용하여 그림을 액자형식으로 꾸민다.	40	재생종이 만들기 PPT
정리	**학습 내용 실천 사항** • 리사이클의 이해와 실생활에 실천한다. • 재생종이, 나무를 활용하여 그림을 그릴 수 있다. **학습에 대한 질의문답 및 학습 내용 정리** • 리사이클의 의미를 알고 실생활에 적용할 수 있다. • 주변의 재활용이 가능한 제품들을 찾아보고 활용방법을 생각해 본다. **차시 예고 및 주변 정리** • 주변을 깨끗이 정리하고 다음 수업을 준비한다.	20	주변 정리

우유팩 연필꽂이 만들기

단 원	우유팩 연필꽂이 만들기	학습대상	유아~성인
교육목표	우유팩을 재사용하여 연필꽂이를 만들어 본다.		
교육효과	나무의 소중함을 알고 우유팩을 활용한 연필꽂이를 만들 수 있다.		
학습자료	환경 자료, 우유팩 연필꽂이 설명지.		

학습 단계	교수학습활동	시간	자 료
발단	**동기 유발** • 나무와 숲 관련 사진 및 자료 찾아보기 • 우유팩을 재사용한 다양한 연필꽂이 사진 **학습 내용 제시** • 계절별 특징을 이해하고 식물 종류 알아보기 • 자신만의 연필꽂이를 디자인하고 만들기	15	환경과 생활
	학습 목표 제시 • 나무와 숲 관련 자료를 보며 환경의 소중함 알기 • 우유팩을 활용하여 자신만의 연필꽂이 만들기	15	나 무 연필꽂이 PPT
전개	**우유팩 연필꽂이 만들기** • 2~3개 우유팩의 윗부분을 가위로 잘라 필요한 모양을 만든다. • 자른 우유팩에 색종이, 부직포, 단추, 병뚜껑 등 재활용 제품 등을 활용하여 꾸민다. • 꾸민 우유팩 2~3개를 붙여 자신만의 연필꽂이를 완성한다.	40	우유팩 연필꽂이 만들기 PPT
정리	**학습 내용 실천 사항** • 나무의 역할을 찾아보고 소중함 알기 • 우유팩을 활용하여 나만의 연필꽂이 만들기 **학습에 대한 질의문답 및 학습 내용 정리** • 나무의 역할을 알아보고 환경 보호 실천하기 • 주변의 재활용이 가능한 제품들을 찾아보고 활용방법을 생각해 본다. **차시 예고 및 주변 정리** • 주변을 깨끗이 정리하고 다음 수업을 준비한다.	20	주변 정리

나만의 에코백(파우치) 만들기

단 원	저탄소 녹색실천 - 나만의 에코백 만들기	학습대상	유아~성인
교육목표	저탄소 녹색성장을 이해하고 에코백(파우치)를 만들어 본다.		
교육효과	저탄소 녹색성장에 대해 알고 나만의 에코백을 만들어 본다.		
학습자료	저탄소 녹색성장 설명지, 에코백(파우치) 만들기 설명지		

학습 단계	교수학습활동	시간	자 료
발단	**동기 유발** • 저탄소 녹색성장에 대해 알아보기 • 동물보호 및 친환경적 제품들 찾아보기 **학습 내용 제시** • 에코백의 의미를 알고 친환경적인 제품 찾아보기 • 환경 보호 실천방법 알아보기	15	환경과 생활
	학습 목표 제시 • 동물을 보고하고 환경을 생각할 수 있다. • 친환경 에코백을 만들 수 있다.	15	에코백 PPT
전개	**나만의 에코백 만들기** • 파우치형 에코백을 준비한다. • 연필과 지우개를 준비해 표현하고자 하는 동.식물, 글씨를 스케치해본다. • 페브릭마커 등 천에 페인팅 할 수 있는 펜을 활용하여 완성한다.	40	에코백 만들기 설명 PPT
정리	**학습 내용 실천 사항** • 저탄소 녹색성장에 대해 알고 실천해 본다. • 나만의 에코백을 만들어 본다. **학습에 대한 질의문답 및 학습 내용 정리** • 실생활에서 동물 보호와 환경보호를 실천한다. **차시 예고 및 주변 정리** • 주변을 깨끗이 정리하고 다음 수업을 준비한다.	20	주변 정리

야생화 그림엽서 만들기

단 원	야생화 그림엽서 만들기		학습대상	유아~성인
교육목표	야생화에 대해 알고 그림을 그려 엽서를 만들어 본다.			
교육효과	야생화의 종류를 알고 그림엽서를 만든다.			
학습자료	야생화, 그림엽서 설명지			

학습 단계	교수학습활동	시간	자 료
발단	**동기 유발** • 우리나라의 야생화 사진 찾아보기 • 야생화의 종류 알아보기 **학습 내용 제시** • 야생화를 살펴보고 특징을 알아본다. • 우리나라 야생화 그림을 그려 엽서를 만든다.	15	환경과 생활
	학습 목표 제시 • 우리나라 야생화의 종류와 특징을 알수있다. • 야생화 그림엽서를 만들 수 있다.	15	야생화 그림엽서 PPT
전개	**야생화 그림엽서 만들기** • 우리나라 야생화 사진을 보고 특징을 찾는다. • 야생화의 특징을 살려 엽서에 스케치를 한다. • 엽서에 스케치를 한 야생화에 색을 입혀 그림엽서를 완성한다.	40	야생화 그림엽서 만들기 PPT
정리	**학습 내용 실천 사항** • 오늘 배운 야생화에 대해 주변에 알리기 • 야생화에 대한 종류와 특징을 알아본다. **학습에 대한 질의문답 및 학습 내용 정리** • 우리나라 야생화를 찾아보고 관심을 갖는다. • 나만의 야생화 그림엽서 발표하기 **차시 예고 및 주변 정리** • 주변을 깨끗이 정리하고 다음 수업을 준비한다.	20	주변 정리

토피어리 천연가습기 만들기

단 원	천연가습기 만들기_토피어리	학습대상	유아~성인
교육목표	점토를 활용하여 생활용품 천연가습기 만들기를 해본다.		
교육효과	환경 친화적 삶의 중요성을 알고, 현명한 소비자가 된다.		
학습자료	화분모양이끼, 이끼, 눈알, 와이어, 공기정화식물, 흙, 글루건		

학습 단계	교수학습활동	시간	자 료
발단	**동기 유발** • 기후 변화 관련 동영상 보고 환경의 소중함 알기 • 재료를 알아보고 만드는 방법 알아보기 **학습 내용 제시** • 환경오염의 원인 및 기후 변화가 미치는 영향을 알아보자. • 천연가습기 만드는 방법을 알고 만들어 본다.	15	환경과 생활
	학습 목표 제시 • 사람들의 생활이나 활동에 따라 생기는 인위적인 것 에 대해 생각해 본다. • 학교, 가정에서 건조함에 대한 대처 방법 찾아보기 • 천연가습기 만들기	15	주변의 오염물질과 원인 PPT
전개	**천연가습기 만들기** • 원하는 동물 모양을 디자인 한다. • 와이어로 동물의 귀 모양을 만들어 이끼로 감싸준다. • 화분모양이끼에 귀를 꽂아주고, 눈알을 붙인다. • 화분에 흙(부엽토)를 반쯤 채우고 식물을 넣어준다. • 흙으로 식물을 잘고정시키고 이끼로 덮어 마무리한다. • 받침을 활용해 건조한 곳에 가습기로 활용한다.	40	재료 설명 PPT
정리	**학습 내용 실천 사항** • 녹색성장의 중요성과 친환경적 소비 '에코지능'에 대해 실천 의지를 다진다. **학습에 대한 질의문답 및 학습 내용 정리** • 오늘 배운 천연가습기 사용법을 주변에 알려 함께 쓸 수 있도록 한다. • 오염 원인을 상기하고 건강한 생활에 대한 내용을 상기한다. **차시 예고 및 주변 정리** • 주변을 깨끗이 정리하고 다음 수업을 준비한다.	20	주변 정리

물먹는 하마 제습제 만들기

단 원	물먹는 하마 제습제 만들기	학습대상	유아~성인
교육목표	제습제의 원리를 알고 제습제를 만들어 본다.		
교육효과	친환경 제습제의 원리를 이해하고 실생활에 활용한다.		
학습자료	베이킹소다, 굵은 소금, 제습제 만들기 설명지		

학습 단계	교수학습활동	시간	자 료
발단	**동기 유발** • 제습제의 역할과 원리를 알아본다. • 주변에서 제습제가 사용되는 곳 찾아보기 **학습 내용 제시** • 제습제의 원리를 알고 만들어 본다. • 환경 친화적 제습제의 효과를 안다.	15	환경과 생활
	학습 목표 제시 • 제습제의 원리를 알고 판매 제품과 친환경 제품에 대해 비교해 본다. • 환경 친화적 제습제의 효과를 알고 만들어 사용한다.	15	제습제 PPT
전개	**물 먹는 하마 제습제 만들기** • 테이크아웃 플라스틱 컵 또는 재활용 플라스틱 용기에 베이킹소다와 굵은 소금을 약 1/3 정도를 채운다. • 부직포 또는 한지 등으로 입구를 감싸 준다. • 끈이나 고무줄로 부직포(면포)를 고정시킨다.	40	제습제 재료 설명 PPT
정리	**학습 내용 실천 사항** • 친환경 제습제의 효과를 알고 만들어 사용한다. • 제습제의 효과에 대해 주변에 알리고 사용할 수 있도록 한다. **학습에 대한 질의문답 및 학습 내용 정리** • 일반 제습제와 친환경 제습제의 다른 점을 안다. • 친환경 제습제의 장점을 주변에 알리고 실생활에 사용한다. **차시 예고 및 주변 정리** • 주변을 깨끗이 정리하고 다음 수업을 준비한다.	20	주변 정리

환경마크 홍보지 만들기

단 원	환경마크 홍보지 만들기	학습대상	유아~성인
교육목표	환경마크에 대해 알고 홍보지를 만들어 본다.		
교육효과	환경마크의 의미와 종류를 알고 홍보지를 만들어 주변에 알린다.		
학습자료	환경마크, 홍보지 설명지		

학습 단계	교수학습활동	시간	자료
발단	**동기 유발** • 환경마크가 무엇일까? 왜 필요할까? • 우리나라와 다른 나라의 환경마크를 비교해보기 **학습 내용 제시** • 환경마크 종류와 제도에 대해 알아본다. • 환경마크를 알릴 수 있는 홍보지를 만든다.	15	환경과 생활
	학습 목표 제시 • 우리나라 환경마크의 종류와 의미를 알 수 있다. • 환경마크 홍보지를 만들 수 있다.	15	환경마크 PPT
전개	**환경마크 홍보지 만들기** • 환경마크를 알릴 수 있는 제목을 만들어 쓴다. • 우리나라 환경마크 종류별 사진을 홍보지에 붙이거나 그린다. • 환경마크를 홍보할 수 있는 문구를 적고, 꾸민다.	40	홍보지 만들기 PPT
정리	**학습 내용 실천 사항** • 환경마크 제도에 대해 알고 주변에 알리기 • 물건을 살 때 환경마크가 있는 물건 구매하기 **학습에 대한 질의문답 및 학습 내용 정리** • 환경마크를 본 경험 말하고 의미 알아보기 • 환경마크 제도가 잘 시행될 수 있는 실천방법 발표하기 **차시 예고 및 주변 정리** • 주변을 깨끗이 정리하고 다음 수업을 준비한다.	20	주변 정리

환경 캐릭터 만들기

단 원	환경 캐릭터 만들기		학습대상	유아~성인
교육목표	환경에 대한 관심을 갖고 환경 캐릭터를 만들어 본다.			
교육효과	환경의 중요성을 알고, 환경 캐릭터를 만들 수 있다.			
학습자료	환경 캐릭터 설명지			

학습 단계	교수학습활동	시간	자 료
발단	**동기 유발** • 캐릭터란? 환경 캐릭터가 있으면 좋은 점은? • 다양한 환경 캐릭터 작품 찾아보기 **학습 내용 제시** • 환경에 대한 관심을 갖을 수 있다. • 다양한 캐릭터를 살펴보고 자신만의 캐릭터를 그린다.	15	환경과 생활
	학습 목표 제시 • 환경에 대한 관심을 갖을 수 있다. • 환경 캐릭터를 만들 수 있다.	15	환경 캐릭터 PPT
전개	**환경 캐릭터 만들기** • 환경을 나타낸 그림이나 사진을 찾는다. • 자신만의 캐릭터를 스케치한다. • 캐릭터를 다양한 방법으로 표현한다. • 캐릭터의 의미를 담아 발표한다.	40	캐릭터 만들기 PPT
정리	**학습 내용 실천 사항** • 환경을 사랑하는 방법을 알고 실천하기 • 자신만의 환경 캐릭터에 대해 주변에 알리기 **학습에 대한 질의문답 및 학습 내용 정리** • 환경을 사랑하는 실천방법 찾아보기 • 환경 캐릭터를 활용할 방법 찾아 알리기 **차시 예고 및 주변 정리** • 주변을 깨끗이 정리하고 다음 수업을 준비한다.	20	주변 정리

환경 동화책 만들기

단 원	환경 동화책 만들기		학습대상	유아~성인
교육목표	환경도서를 읽고, 나만의 환경 동화책을 만들어 본다.			
교육효과	동화책을 읽고 환경에 관련한 나만의 이야기를 만든다.			
학습자료	동화책, 책 만들기 설명지.			

학습 단계	교수학습활동	시간	자 료
발단	**동기 유발** • 환경과 관련한 이야기와 동화책 찾아 읽기 • 새로운 동화책의 창의적인 제목과 내용 생각하기 **학습 내용 제시** • 동화책을 읽고 내용 이해하기 • 환경 이야기를 담은 이야기를 만들어 동화책으로 완성하기	15	환경과 생활
	학습 목표 제시 • 환경 동화책을 읽고 요약정리 하고 자신의 생각을 말한다. • 새로운 환경 이야기를 만들어 그림 동화책을 만든다.	15	환경 동화책 PPT
전개	**환경 동화책 만들기** • 환경 이야기를 떠올리고 글로 정리한다. • 8절지 크기의 도화지(종이)를 접어 책 기본 형태를 만든다. • 도화지 책에 이야기를 쓰고 그림을 그려 색연필로 색칠한다. • 제목을 쓰고 표지를 꾸며 책을 완성한다.	40	환경 동화책 만들기 PPT
정리	**학습 내용 실천 사항** • 환경 관련 책을 읽고 환경에 대한 관심을 갖는다. • 자신의 생각과 경험을 담은 이야기를 만들어 본다. **학습에 대한 질의문답 및 학습 내용 정리** • 오늘 읽은 환경동화책 내용을 요약 정리하기 • 나만의 동화책 발표하기 **차시 예고 및 주변 정리** • 주변을 깨끗이 정리하고 다음 수업을 준비한다.	20	주변 정리

자원절약 광고 만들기

단 원	자원절약 광고 만들기	학습대상	유아~성인
교육목표	자원절약에 대해 알고 광고를 만들 수 있다.		
교육효과	자원절약 실천 방법을 알고 광고를 만들어 주변에 알린다.		
학습자료	환경마크, 홍보지 설명지		

학습 단계	교수학습활동	시간	자료
발단	**동기 유발** • 일회용품의 종류 알아보기 • 일회용품의 자연분해 기간 알아보기 **학습 내용 제시** • 자원절약에 대해 알고 방법을 알아본다. • 자원절약, 환경보호 광고를 만든다.	15	환경과 생활
	학습 목표 제시 • 일회용품의 종류와 자연분해 기간을 알 수 있다. • 자원절약 광고를 만들 수 있다.	15	환경마크 PPT
전개	**자원절약 광고 만들기** • 일회용품을 줄이고 자원절약의 중요성을 알 수 있는 제목을 생각한다. • 자원절약 관련 자료를 찾고 제목에 맞는 내용을 구상한다. • 광고의 내용을 6컷 분량으로 나눈다. • 6컷 분량의 내용을 그림으로 표현하고 꾸민다.	40	홍보지 만들기 PPT
정리	**학습 내용 실천 사항** • 우리 가족의 일주일동안 사용한 일회용품 알아보기 • 일회용품의 자연분해 기간을 주변에 알리고 사용 줄이기 **학습에 대한 질의문답 및 학습 내용 정리** • 일회용품을 줄일 수 있는 방법 말하기 • 환경보호의 중요성을 알고 환경 보존 방법 생각하기 **차시 예고 및 주변 정리** • 주변을 깨끗이 정리하고 다음 수업을 준비한다.	20	주변 정리

그린 홈쇼핑

단 원	그린 홈쇼핑	학습대상	초등~성인
교육목표	환경을 위한 제품들을 선별하여 홈쇼핑 광고를 할 수 있다.		
교육효과	환경을 위한 제품에 관심을 갖고 선별하여 구매한다.		
학습자료	환경마크, 홈쇼핑 설명지		

학습 단계	교수학습활동	시간	자 료
발단	**동기 유발** • 환경에 좋은 제품이란? • 저탄소 제품과 환경마크 표시 등이 있는 제품 찾아보기 **학습 내용 제시** • 저탄소 제품과 환경마크 표시 제품에 대해 알아본다. • 환경을 위한 그린 홈쇼핑을 기획한다.	15	환경과 생활
	학습 목표 제시 • 환경에 좋은 제품들을 저탄소, 환경마크 표시 제품을 알 수 있다. • 그린 홈쇼핑을 기획할 수 있다.	15	그린 홈쇼핑 PPT
전개	**그린 홈쇼핑 기획하기** • 저탄소 제품, 환경마크 표시 제품을 선별한다. • 제품의 장점과 특징을 파악한다. • 제품 홍보 문구 및 홍보 대사를 쓴다. • 학급에서 모둠별 그린 홈쇼핑 홍보한다.	40	그린 홈쇼핑 만들기 PPT
정리	**학습 내용 실천 사항** • 저탄소 제품 및 환경마크 제품 주변에 알리기 • 물건을 살 때 저탄소, 환경마크 표시 제품 구매하기 **학습에 대한 질의문답 및 학습 내용 정리** • 환경에 좋은 제품 찾아보기 • 환경을 보호할 수 있는 제품 선별 방법 말하기 **차시 예고 및 주변 정리** • 주변을 깨끗이 정리하고 다음 수업을 준비한다.	20	주변 정리

우리 조상들의 먹거리 **꽃산병** 만들기

단 원	우리 조상들의 먹거리 꽃산병 만들기	학습대상	유아~성인

교육목표	조상들의 먹거리를 알아보고 꽃산병을 만들어 본다.
교육효과	전통음식을 통해 조상들의 계절 음식들을 알고 꽃산병을 만든다.
학습자료	꽃산병 사진, 옛 먹거리 설명지.

학습 단계	교수학습활동	시간	자 료
발단	**동기 유발** • 꽃산병은 무엇으로 만들까? 어떻게 만들까? • 꽃산병 그림 또는 사진 보기 **학습 내용 제시** • 우리 조상들의 먹거리와 전통 음식을 안다. • 그림으로 꽃산병 만들기 과정 표현하기 • 꽃산병을 만드는 방법을 알고 만들 수 있다.	15	환경과 생활
	학습 목표 제시 • 우리 조상들의 먹거리와 전통 음식을 알 수 있다. • 자연 재료를 활용한 꽃산병을 만들 수 있다.	15	계절 효소 PPT
전개	**꽃산병 만들기** • 깨끗이 씻어 불린 멥쌀가루에 소금을 넣고 잘 섞어 빻은 후 물을 섞어 반죽한다. • 찐 떡을 충분히 치고 판을 갈아 소금을 넣고 빻아 소를 만든다. • 2~3등분 하여 흰색 또는 호박가루, 쑥가루 등을 넣어 색을 낸 후 찜기에서 15분간 쪄 준다. • 쪄진 반죽을 매끈하게 치댄 후 반죽에 앙금을 넣어 모양을 잡아준다. • 떡 도장에 오일을 발라 문양을 찍는다.	40	꽃산병 설명 PPT
정리	**학습 내용 실천 사항** • 전통 음식, 떡의 종류와 장점 알아보기 • 천연 재료를 활용한 음식 만들기 **학습에 대한 질의문답 및 학습 내용 정리** • 우리 조상들의 먹거리에 대해 알아보기 • 건강한 생활에 대한 내용을 상기한다. **차시 예고 및 주변 정리** • 주변을 깨끗이 정리하고 다음 수업을 준비한다.	20	주변 정리

자연물 활용(솔방울, 숯) 천연가습기 만들기

단 원	자연물 활용(솔방울, 숯) 천연가습기 만들기	학습대상	유아~성인
교육목표	자연에서 얻은 솔방울을 활용해 본다.		
교육효과	자연물을 활용해 가정생활에 도움이 되는 천연가습기를 만들 수 있다.		
학습자료	솔방울, 숯, 기타 재료		

학습 단계	교수학습활동	시간	자료
발단	**동기 유발** • 기후 변화 관련 동영상 보고 환경의 소중함 알기 • 재료를 알아보고 만드는 방법 알아보기 **학습 내용 제시** • 환경오염의 원인 및 기후 변화가 미치는 영향을 알아보자. • 천연가습기 만드는 방법을 알고 만들어 본다.	15	환경과 생활
	학습 목표 제시 • 사람들의 생활이나 활동에 따라 생기는 인위적인 것 에 대해 생각해 본다. • 학교, 가정에서 건조함에 대한 대처 방법 찾아보기 • 천연가습기 만들기.	15	주변의 오염물질과 원인 PPT
전개	**천연가습기 만들기** • 주변에서 쉽게 구할 수 있는 솔방울과 숯을 준비한다. • 용기에 솔방울과 숯을 잘배치해준다. • 기타소모품(모양)등으로 용기를 장식한다. • 분무기로 물을 뿌리거나, 물을부어 건조한 곳에 가습기로 활용한다.	40	재료 설명 PPT

정리	**학습 내용 실천 사항**
	• 녹색성장의 중요성과 친환경적 소비 '에코지능'에 대해 실천 의지를
	  다진다.
	• 오늘 배운 천연가습기 사용법을 주변에 알려 함께 쓸 수 있도록
	  한다.
	
	학습에 대한 질의문답 및 학습 내용 정리
	• 대기오염 원인과 건강한 생활에 대한 내용을 상기한다.
	
	차시 예고 및 주변 정리
	• 주변을 깨끗이 정리하고 다음 수업을 준비한다.
		20	주변
			정리

친환경 텃밭 스티로폼 재활용 텃밭 만들기

단 원	친환경 텃밭 - 스티로폼 재활용 텃밭 만들기	학습대상	유아~성인
교육목표	식물 종류를 알고 특성에 맞게 스티로폼을 재활용하여 텃밭을 만들 수 있다.		
교육효과	주변의 계절 식물을 찾고 종류와 특성을 이해할 수 있다.		
학습자료	식물 사진, pet병 텃밭 만드는 설명지.		

학습 단계	교수학습활동	시간	자료
발단	**동기 유발** • 계절별 특징이 잘 드러난 사진 등 숲 이해 자료. • 식물들의 종류와 특징을 이해하고 재활용 pet병 활용 텃밭 만들기 자료 **학습 내용 제시** • 계절별 특징을 이해하고 식물 종류 알아보기. • 식물의 다양한 종류와 특징을 알아보고 pet를 재활용하여 적합한 텃밭 만들기.	15	환경과 생활
	학습 목표 제시 • 사람들의 생활이나 활동에 따라 생기는 인위적인 것 오염 원인에 대해 생각해 본다. • 식물 종류와 특성에 맞게 스티로폼 텃밭을 만들 수 있다.	15	숲, 식물, 사진 PPT
전개	**스티로폼 재활용 텃밭 만들기** • 스티로폼 박스를 준비한다. • 텃밭용 상토를 스티로폼 박스에 적당량 담는다. • 상추, 깻잎, 치커리 등 여러 가지 쌈 채소 모종을 심고 충분히 물을 준다.	40	재활용 텃밭 만들기 PPT
정리	**학습 내용 실천 사항** • 식물의 종류와 특징을 이해할 수 있다. • 버려지는 스티로폼 재활용과 환경 보호의 관련성을 이해할 수 있다. **학습에 대한 질의문답 및 학습 내용 정리** • 오늘 배운 식물 종류와 특징을 알고 주변 계절 식물을 찾아본다. • 주변의 재활용이 가능한 제품들을 찾아보고 활용방법을 생각해 본다. **차시 예고 및 주변 정리** • 주변을 깨끗이 정리하고 다음 수업을 준비한다.	20	주변 정리

티라이트 홀더 만들기

단 원	티라이트 홀더 만들기	학습대상	유아~성인

교육목표	점토를 활용하여 생활용품 티라이토 홀더 만들기를 할 수 있다.
교육효과	환경 친화적 삶의 중요성을 알고, 현명한 소비자가 된다.
학습자료	점토

학습 단계	교수학습활동	시간	자료
발단	**동기 유발** • 기후 변화 관련 동영상 보고 환경의 소중함 알기 • 재료를 알아보고 만드는 방법 알아보기 **학습 내용 제시** • 환경오염의 원인 및 변화가 미치는 영향을 알아보자. • 티라이트 홀더 만드는 방법을 알고 만들어 본다.	15	환경과 생활
	학습 목표 제시 • 사람들의 생활이나 활동에 따라 생기는 인위적인 것 오염 원인에 대해 생각해 본다. • 학교, 가정에서 대기오염에 대한 대처 방법 찾아보기 • 티라이트 홀더 만들기.	15	주변의 오염물질과 원인 PPT
전개	**티라이트 홀더 만들기** • 만들고자하는 티라이트 홀더 모양을 디자인한다. • 원하는 색의 점토를 고른다. • 점토를 잘 주물러서 원하는 모양을 만든다. • 티라이트 용기가 들어갈 수 있도록 크기를 조절한다. • 바닥이 평평하게 잘 고정하여 건조시켜 사용한다.	40	재료 설명 PPT

정리	**학습 내용 실천 사항**
	• 녹색성장의 중요성과 친환경적 소비 '에코지능'에 대해 실천 의지를
	  다진다.
	• 오늘 배운 티라이트 홀더 사용법을 주변에 알려 함께 쓸 수 있도록
	  한다.
	
	학습에 대한 질의문답 및 학습 내용 정리
	• 대기오염 원인과 건강한 생활에 대한 내용을 상기한다.
	
	차시 예고 및 주변 정리
	• 주변을 깨끗이 정리하고 다음 수업을 준비한다.
		20	주변
			정리

촛대(향꽂이) 만들기

단 원	촛대(향꽂이) 만들기	학습대상	유아~성인
교육목표	점토를 활용하여 생활용품 촛대(향꽂이) 만들기를 할 수 있다.		
교육효과	친환경 재료를 활용해 촛대를 만들 수 있다.		
학습자료	점토		

학습 단계	교수학습활동	시간	자 료
발단	**동기 유발** • 기후 변화 관련 동영상 보고 환경의 소중함 알기 • 재료를 알아보고 만드는 방법 알아보기 **학습 내용 제시** • 환경오염의 원인 및 변화가 미치는 영향을 알아보자. • 촛대 만드는 방법을 알고 만들어 본다.	15	환경과 생활
	학습 목표 제시 • 사람들의 생활이나 활동에 따라 생기는 인위적인 것 오염 원인에 대해 생각해 본다. • 학교, 가정에서 오염물질에 대한 대처 방법 찾아보기 • 촛대(향꽂이) 만들기	15	주변의 오염물질과 원인 PPT
전개	**촛대(향꽂이) 만들기** • 만들고자하는 촛대의 모양(캐릭터)을 디자인한다. • 원하는 색의 점토를 고른다. • 점토를 잘 주물러서 원하는 모양을 만든다. • 향이나 초를 꽂을 수 있는 기둥이나 구멍을 뚫어준다. • 잘 건조시켜 사용한다.	40	재료 설명 PPT
정리	**학습 내용 실천 사항** • 녹색성장의 중요성과 친환경적 소비 '에코지능'에 대해 실천 의지를 다진다. • 오늘 배운 촛대 만들기와 사용법을 주변에 알려 함께 쓸 수 있도록 한다. **학습에 대한 질의문답 및 학습 내용 정리** • 오염 원인을 상기하고 건강한 생활에 대한 내용을 상기한다. • 주변의 재료를 활용해 촛대 만드는 방법을 정리해 본다. **차시 예고 및 주변 정리** • 주변을 깨끗이 정리하고 다음 수업을 준비한다.	20	주변 정리

체험행사 현수막 예시

습지생물모양 아로마큐브 천연주물럭비누

사람들이 버리는 더러운 물을 깨끗하게 바꾸어주는
것은 갯벌 생물들이다. 물 속 생물들도 숨을 쉬려면
산소가 필요하다. 물이 오염되면 그런 생물들이 숨을
쉴 수가 없다. 자연분해가 빠른 EM활용 천연비누를
만들면서 갯벌생물들의 소중함을 느껴본다.
습지동물그림책을 보고 동식물 모양으로
천연 비누 큐브를 만들어본다.

크로스 에코백 만들기 (습지생물 스탬프 찍기)

람사르습지 송도갯벌은 동아시아의 철새이동로로서
국제적으로 가장 중요한 지역 중의 하나로,
멸종위기 조류인 저어새와 검은머리갈매기를 비롯해
한반도 서해안의 갯벌을 따라 남북으로 이동하는
수많은 철새들이 도래하고 있어 생태학적으로 중요한
역할을 하고 있다. 이에 따라 인천광역시는 송도갯벌의
훼손방지 및 지속가능한 이용을 도모화하기 위하여
습지보호지역(람사르습지)으로 지정하였다.

세계의 미니 배 만들기 (바닷물의 오염 알기)

선박 운항 때 무게중심을 유지하기 위해 배 아래나
좌우에 설치된 탱크에 채워 넣는 바닷물로 인한
해양생태계의 문제점을 알아본다. 또한 바닷물의
오염원인이 되고 있는 생활 속 유해화학물질에
대해 알아보고, 줄일 수있는 방법을 생각해본다.

우드페인팅 (송도갯벌생물 캐릭터 컬러링)

지구에 있는 물의 약 97.5%를 차지하고 있는 바다는
지구 표면의 약 71%를 덮고 있다.
또한 수많은 생물이 살아가는 아주 거대한 생태계이다.
지구에 있는 생물 99%가 바다에 산다.
사람들은 바다에서 식량뿐만 아니라
에너지와 광물 등도 얻는다.
그런데 이런 소중한 바다가 병들어가고 있다.

공기정화 식물 산호수 화분심기

미세먼지제거, 포름알데히드와 같은 휘발성 유기물질의
제거능력이 뛰어난 식물로 빨간 열매가 푸른 바다 속
산호를 닮아 산호수라 부른다.

송도 람사르습지 학습지 퀴즈

동아시아 철새의 이동경로로 다양한 철새들의
중간기착지로 생태학적으로 중요한 지역 송도갯벌
람사르습지 퀴즈풀기

에코 지능 높이기*

'에코 지능'은 인간의 편리를 위해 만들어지는 제품들의 환경적 영향에 대한 소비자들의 정서적 반응을 말한다. 인간에게 편리한 제품이 많아지는 동안 지구의 환경은 악화 되어왔다. 지속가능 발전을 위해 자연과 인간의 공감이 필요하고, 제품 구매 시 환경 친화적 제품인지 아닌지 꼼꼼히 따져보고 구매하는 환경행동 실천이 필요하다. 지구가 자정 능력을 잃어 가고 있는 오늘날, 지구온난화가 급격히 진행되어 북극의 빙하 면적이 37년 만에 최저치를 기록, 1978년 위성 관측 이래로 가장 낮은 수치를 나타내고 있다고 한다(2015.9.23, MBC). 인간의 문명이 발달 할수록 필요한 에너지는 더 많아지고 인간의 무분별한 개발과 소비로 지구 환경에 심각한 변화가 일어나고 있다. 지진, 태풍, 사막화 등 자연재해는 인간의 평범한 일상과 생명을 위협하고 있다.

이제 환경문제를 인지하고 소비적인 생활환경을 개선하고자 하는 친환경적 소비 의지, 인간과 자연이 서로에게 미치는 영향을 이해하고 공감하는 능력을 뜻하는 '에코 지능' 교육이 필요하다. 지구 환경 변화 현상의 원인을 알고, 지속가능한 발전 environmentally sound and sustainable development에 관심을 기울일 수 있는 현명한 소비자를 말하는 '에코지능'을 높이기 위한 체계적이고 구체적인 천연제품 만들기를 중심으로 한 오감체험 '친환경 수업 따라잡기'를 통해 에코지능 향상을 위한 환경 프로그램을 제안한다.

에코 지능은 지속가능한 지구의 환경을 위해 현명한 소비를 요구한다. 하버드대학교 교수이자 심리학자인 Howard Gardner는 Intelligence Psychology(지능 심리학)

---

* 김명숙, 「방과후 학교 환경교육 프로그램이 초등학생의 에코 지능에 미치는 영향」, 인천대학교 교육대학원, 2016에서 발췌.

에서 일반적으로 표현해왔던 인간의 지능 IQ(Intelligence Quotient)에 반하는 Multiple Intelligences(다중 지능)이론을 소개한다. Gardner의 다중지능이론에 의하면 대인관계 지능, 개인이해 지능, 공간적 지능, 신체 운동적 지능, 음악적 지능, 언어적 지능, 논리수학 지능, 자연탐구 지능 등 8개의 지능에 대해 논하고 있다. 인간에게는 다양한 능력이 있고, 다른 한 영역에서는 뛰어날지 모르지만 또 다른 영역에서는 능력이 떨어질 수도 있다는 것이다. 일반적으로 언어능력, 논리·수학적 능력이 강조되고 이외의 것은 재능으로 여겨져 왔다. Gardner는 다중지능이론을 통해 사람들에게는 모든 영역에서의 지능은 '동등하다'고 볼 수 있다고 한다. 한 영역에서 천재성을 보인다고 해서 다른 영역에서도 천재성을 보이기는 힘들다는 '지능의 독립성', 지능이 서로 다른 기능을 가지지만 다 함께 작용할 수 있다는 '지능의 상호작용'을 강조한다.

Daniel Goleman은 Social Intelligence(사회적 지능), Emotional Intelligence(감성 지능), Ecological Intelligent(에코 지능)에 대해 논한다. "미래 사회는 '에코 지능'이 지배하게 될 것"이라 말한 그는 지구 환경을 위한 인간들의 행동이 결국은 미래를 좌우하는 축이 된다고 한다.

지속가능한 소비는 소비자가 제품을 구매할 때 가격, 성능, 디자인 등 기존의 선택 사항 이외에도 구매 제품의 친환경성을 고려한 소비를 말한다. 지속가능한 생산은 제품의 설계에서 생산·유통·소비·폐기 등 제품 생산의 전과정에 가장 환경 친화적인 제품을 생산하는 것을 말한다.(환경마크제도와 환경마크제품, 환경부, 2015, 5쪽)

위의 정책에 따른 환경 교육과정으로 환경부에서 2010년 발간한 『어린이 환경백서』에는 "최근 우리 사회에서 이슈가 되는 주제를 7개의 장, 즉 저탄소 녹색성장과 환경정책, 기후변화 대응, 맑고 깨끗한 물 관리, 건강한 유역 지키기, 다양한 생물종 보전, 자원순환형 사회, 어린이 건강으로 나누고 주요 개념 및 우리나라 현황을 소개하고 있다. 각 장에는 환경부의 주요 정책방향 등을 소개하고 일상에서 어린이들이 실천할 수 있는 활동들을 제시하였고, 말미에 '활동마당'을 넣어 학습활동 및 토론 자료로 활용할 수 있게 개발하여 배포하였다.

환경교육과 녹색소비 교육의 차이점 비교

	환경교육	녹색소비교육
정의	국가와 지역사회의 지속가능발전을 목표로 국민이 환경을 보전하고 개선하는 데 필요한 지식·기능·태도·가치관 등을 배양하고 이를 실천하도록 하는 교육(환경교육진흥법 제2조)	경제와 환경이 조화를 이루는 국가와 지역사회의 진취적 성장을 목표로 미래 녹색소비를 주도할 녹색인재양성 및 범지구적 차원에서 녹색생활의 가치를 인식·실천할 수 있는 글로벌 녹색시민 양성교육
목표	인간과 자연의 조화를 이룸으로써 국가와 지역사회의 지속가능한 발전에 기여(환경교육진흥법 제1조)	창의적이고 장인·개척자 정신을 갖춘 글로벌 녹색시민양성을 통해 세계 녹색 소비선도
현실성	환경 보전에 대한 과학적 지식을 바탕으로 학교 및 사회의 환경의식 제고와 지속가능발전 실현에 기억하는 성장 측면 강화 필요	경제와 환경이 조화를 이루는 소비라는 목표를 위해 글로벌 시민품행을 갖춘 창의적이며 전문적인 녹색인재를 육성 하고자 하는 현실적이고 실제적인 국가 교육 전략

출처: 녹색성장위원회 외(2009); 목건문(2010)

녹색성장위원회는 녹색소비교육은 환경교육을 포함하는 의미로 환경과 경제가 조화를 이루는 국가와 지역사회의 진취적 성장에 목표를 두고 창의적이고 전문적인 녹색인재를 육성하고자 하는 국가 교육 전략이다. 이는 지속가능한 지구의 환경을 위해 현명한 소비를 요구하는 Goleman의 에고 지능을 말한다.

환경교육을 받은 소비자들은 환경교육을 받은 적이 없는 소비자들에 비해 에코 지능이 높게 나타나고, 친환경적 소비행동의 수행 능력이 높게 나타나 환경교육의 효과가 높다는 것을 알 수 있다. 또한 초등교육은 중·고등 전단계의 기초교육을 하는 곳이 아니라 전인교육의 단계로 Gardner의 다중지능이론에 의한 대인관계 지능, 개인이해 지능, 공간적 지능, 신체 운동적 지능, 음악적 지능, 언어적 지능, 논리·수학 지능, 자연탐구 지능 등 8개의 지능이 골고루 어우러져 하나의 성숙한 인격으로 성장하는데 기초를 이루는 고유한 발달단계 영역으로 볼 수 있다.(신승재, 2014)

현대인들의 생활방식은 자연환경에 부정적인 영향을 미치고 있다. 지구의 자정작용으로는 도저히 감당할 수 없을 만큼 빠른 속도로 자연환경을 소모하고 있다. 현대인들이 지구의 환경이 위기에 처했다는 것을 인식하고, 실천하기 위해서는 실생활과 밀접한 직장, 가정, 학교 등에서 꾸준하고 다양한 교육 프로그램의 제공이 필요하다.

'에코 지능'의 저자 Goleman은 그의 저서에서 사람들은 작은 글씨로 쓰여져 있는 제품들에 대해서 성분을 자세히 읽어 볼 만큼의 인내심이 없다고 했다. 또한 소비자들은 주의력이 분산되어 결과를 깊이 생각하지 않고 제품 구매를 하게 되는 데, 자녀를 둔 엄마가 아주 강력한 힘을 발휘하는 계기는 아이가 쓰는 제품에 대한 유해 성분을 알게 되는 순간에 '감정이 포함된 인지 작용(hot congnition)'이 일어나게 된다고 했다. 초등학생들의 환경교육을 통해 부모에게까지 전달될 수 있는 방법이 필요하다.

일시적인 환경소양의식 함양보다는 실생활에 필요한 제품들을 만들어 사용해보고, 환경을 고려하지 않고 만들어내고 있는 제품들을 선별할 수 있는 실질적인 교육을 제공해야 한다. 환경문제를 본인의 문제, 나와 내 가족의 미래 문제가 된다는 것을 인지하고 소비적인 생활환경을 개선하고자 하는 의지가 필요하며, 현명한 소비와 지구 환경 변화의 현상을 알고 그 원인을 파악하는 '에코 지능'을 높일 수 있는 체계적이고 구체적인 환경프로그램이 필요하다.

『친환경 수업 따라잡기』는 일방적인 주입식교육에서 벗어나 학습자들이 중심인 수업이다. 다양한 체험활동을 하는 환경 프로그램으로 보고, 듣고, 만지는 등 오감으로 체험하며 재미와 배움을 동시에 갖는 프로그램으로 일방적이고 평면적인 수업과의 차별성을 둔다. 그래서 이 책에서는 천연제품 만들기 등을 구체물로 활용하는 환경교육을 제시했다.

미세먼지 씻어내는
천연비누 특강

◆ 비누(soap)의 어원은 로마의 사포(Sapo)라는 산 이름에서 유래되었다.

◆ 합성세제의 사용으로 환경이 오염되면서 피부질환이 유발되고, 자연주의와 회귀
  주의가 대두되면서 천연비누의 역할이 커지고 있다.

◆ 식물성오일 + 가성소다 + 물 = 비누

◆ 비누나 세제 같이 때를 제거하는 기능처럼 기름과 물의 계면에서 독특한 작용을
  나타내는 물질을 통틀어 계면활성제라 부른다. 그중에서 비누는 지방산의 금속
  염, 그중에서도 나트륨염을 말한다. 계면활성제 중 세탁용으로 쓰면 세제가 된다.

◆ 합성 세제
  - 비누가 천연 물질인 동·식물성 유지류를 사용하는 반면에 합성 세제는 석유에
    서 얻은 물질을 이용한다.
  - 세척력을 높이기 위해 계면활성제에 인산염, 착색제, 표백제, 효소제를 첨가하
    여 제조하고 있다.

◆ 합성계면활성제는 피부건강에 중요한 피지와 지질을 없애기 때문에 피부 보호막
  이 파괴되어 피부를 건조하게 하며, 여러 가지 문제를 일으켜 노화를 촉진시키는
  원인이 되는 유해 화학물질이다. 또한 유화, 용해 작용으로 피부의 지방막을 녹이
  며, 세포내의 단백질을 변성시켜 장기적으로 체내에 쌓이면 간기능 장애을 일으

킬 가능성이 있다. 간혹 피부가 심하게 노화된 경우 영양크림과 에센스, 클린징오
일등에 함유된 합성계면활성제의 의한 것으로 추측할 수 있다. 합성계면활성제를
대체할 천연계면활성제들이 있음에도 이를 사용하지 않는 것은 보통 20배 이상
의 가격차이가 나기 때문이다.

◆ 천연비누는 제조방법에 따라 MP, CP, HP로 분류
  - MP(Melt Pour)비누, CP(Cold Process)비누, HP(Hot Process)비누
◆ 비누화란?
  - 유지(동식물 기름)와 알카리가 반응하여 비누와 글리세린으로 변하는 것
  - 유지에는 소기름, 돼지기름, 닭기름, 어유(생선기름)등의 동물성 기름과 야자
    유, 팜유, 콩기름, 채종유, 면실유 등의 식물성 기름이 있다.
  - 알카리에는 가성소다(수산화나트륨), 가성카륨(수산화칼륨), 소석회(수산화칼
    슘), 암모니아수 등을 사용 할 수 있으나 가성소다가 가장 많이 이용 되고 있다.
  - 우리 주변에서 흔히 볼 수 있는 세탁비누, 화장비누는 소기름, 야자유, 팜유에
    가성소다 용액을 가해 가열하여 만든다.
◆ 미세먼지 환경기준
  : 사람의 건강을 보호하고 쾌적한 생활환경을 유지하기 위해 설정한 행정적 목표치

PM10(미세먼지)	화석연료를 태우거나	머리카락지름의 약 1/5	체내에 들어오면 호흡기 및 심혈관
PM2.5(초미세먼지)	배출가스에서 주로발생	머리카락지름의 약	질환 유발
SO₂(아황산가스)	황이 연소할 때 발생하는 기체		인체의 점막을 침해, 기침 등 유발
CO₂(일산화탄소)	석탄이나 석유 등 연료가 탈 때 발생		폐에 들어가 혈액 중 헤모글로빈과 결합 중독유발
NO₂(이산화질소), O₃(오존), 납, 벤젠 : 장기간 흡입시 호흡곤란 유발, 국제 암연구소 지정 1군 발암물질			

[출처:환경부]

◆ 대한민국 미세먼지(PM10), 초미세먼지(PM2.5) 기준

구분	좋음	보통	나쁨	매우나쁨
미세먼지(PM10)	0~30	30~80		
초미세먼지(PM2.5)	0~15	16~35		

[출처:환경부]

1. 미세먼지 씻어내는 EM 천연비누

구분	재료	용량(g)	특 징
베이스	약산성베이스	100	팜과 코코넛 오일에서 정유한 고급지방산을 비누화시켜 트리소독용 알콜아민(TEA)을 첨가하지 않고 피부보습에 좋은 글리세린 첨가
첨가물	히아루론산	1	보습, 재생, 진정, 콜라겐 활성화,
	EM 천일염수	5방울	비누의 단단함, 살균, 소독
	비타민E	5방울	항산화작용, 비누의 산패방지
에센셜오일	티트리 E.O	10방울	항균 항염 기능성, 노폐물제거, 여드름, 아토피

2. 피부 노화방지 클렌징 비누

구분	재료	용량(g)	특 징
베이스	약산성베이스	100	팜과 코코넛 오일에서 정유한 고급지방산을 비누화시켜 트리소독용 알콜아민(TEA)을 첨가하지 않고 피부보습에 좋은 글리세란 첨가
첨가물	아보카도 오일	2	보습, 재생, 진정, 콜라겐 활성화,
	호호바오일	1	피부치료효과, 아토피, 여드름, 건조증, 민감피부
	천일염수	5방울	비누의 단단함, 살균, 소독
	비타민E	5방울	항산화작용, 비누의 산패방지
에센셜오일	로즈우드 E.O	10방울	살균, 세포생육촉진, 손상된 피부에 유용, 방부성
	라일락 F.O	10방울	봄의 전령 아로마향

3. MP 비누 만들기 순서

도구 : 핫플레이트, 스텐비이커, 비누칼, 온도계, 실리콘주걱, 나무스틱, 비누몰드, 종이컵, 비누도장, 신문지, OPP 비누포장지, 스티커

재료 : 비누베이스 1kg, 기능성재료, 에센셜오일 , 소독용알콜

만드는 방법

1) 비누베이스를 깍둑썰기 한다.(바닥에 도톰한 종이(신문지)를 간다)

2) 스텐비이커에 넣고 핫플레이트에 올려 녹인다.(중간온도 3~4

3) 비누가 녹으면 70℃ 정도에 글리세린과 에센셜 오일을 넣는다.

4) 잘 저어 섞은 후 몰드에 부어준다.

5) 비누가 굳으면 몰드에서 분리 후 포장지에 넣고 스티커를 붙인다.

TIP 1 : 중탕을 하여도 좋으나 시간이 너무 오래 걸린다. 물이나 EM발효액을 20ml
　　　　넣고 직접 녹인다.(90℃ 이하)

TIP 2 : 비누몰드가 없으면 1리터 우유팩이나 종이컵을 활용한다.

TIP 3 : 기능성 첨가물과 에센셜오일은 꼭 75℃ 이하에서 넣도록 한다.

TIP 4 : 몰드에 붓기 전 소독용 알콜을 뿌리면 비누가 몰드에서 잘 떨어진다.

TIP 5 : 비누를 다 붓고 소독용 알콜을 뿌리면 기포를 잡을 수 있다.

TIP 6 : 비누베이스 1kg은 100g 비누 10개, 80g 비누 12개 정도 된다.

우리 가족 건강을 위한

천연제품 만들기

한 달에 한 번 또는 분기별로 가족을 위한 시간을 내 보세요~
자연공유 전문 강사단이 찾아가서 도와드립니다.
기업체 및 관공서 점심, 저녁특강, 학교 교직원 및 학부모 특강,
아파트 부녀회, 경로당, 학생동아리 등 어디든 찾아갑니다.

봄
묵은 각질제거용 곡물비누 만들기, 환절기 감기·비염 연고,
봄볕이 따가울 때 사용하는 미백라인 로즈워터 활용 기초 화장품 셋트(스킨, 로션, 영양크림),
화사한 봄맞이 꽃향기 캔들, 춘곤증 예방에 좋은 차량용 방향제 등

여름
땀 냄새 킬러 EM세탁세제 및 EM비누, 모기퇴치 방향제, 천연버물리, 멘톨비누,
무더위 식혀줄 알로에, 라벤더 활용 기초화장품 셋트, 자외선 차단 썬크림, 썬스틱,
썬컬러베이스, 모기퇴치 아로마캔들 만들기 등

가을
촉촉한 보습 립밤, 찬바람이 불기 시작할 때 보습 미스트,
가족과 나의 피부에 맞는 CP비누 제작, BB크림, CC크림,
시험 준비하는 수험생들을 위한 졸음예방 스틱, 집중력 강화 캔들 만들기 등

겨울
건조한 피부에 효과적인 타마누, 보리지오일 활용 기초화장품,
피부 탱탱 기능성 에센스, 보습립스틱, 공기정화용 캔들,
크리스마스를 위한 크리스탈 캔들, 실내공기정화용 녹색커튼, 테라리움 만들기 등

건강한 뷰티 Nature Share

㈜글로벌교육공동체

행정안전부 인증 마을기업 **㈜글로벌교육공동체**
Tel. 032-858-3648 / Fax. 032-816-3648
인천광역시 연수구 인천타워대로 54번길, 13 해승메디피아 403-2호

천연제품 만들기 교육계획안

친환경 수업 따라잡기

초판 1쇄 발행 / 2019년 7월 25일

지 은 이 / 김명숙
기   획 / (주)글로벌교육공동체

펴낸이 / 윤미경
펴낸곳 / 도서출판 다인아트
            출판등록 1996년 3월 8일 제87호
            인천광역시 중구 개항로14 2F
            tel. 032+431+0268 / fax. 032+431+0269
            e-mail. dainartbook@naver.com
마케팅 / 이승희
디자인 / 장윤미
인쇄·제본 / 신우인쇄

ISBN 978-89-6750-074-0 (13630)

이 도서의 국립중앙도서관 출판예정도서목록(CIP)은 서지정보유통지원시스템 홈페이지
(http://seoji.nl.go.kr)와 국가자료종합목록시스템(http://www.nl.go.kr/kolisnet)에서
이용하실 수 있습니다. (CIP제어번호 : CIP2019029639)